소녀는 자라서 엄마가 된다

박은주 김지인 수필집

소녀는 자라서 엄마가 된다

지은이	박은주, 김지인
디자인	김재현, 김인경
일러스트	김인경
발행처	도서출판 진포
발행일	2024년 10월 31일
전화	063) 471-1318
팩스	0303-3130-4678
이메일	jinpo13@daum.net

출력, 인쇄, 후가공, 제본   진포인쇄

ISBN   979-11-93403-18-1

* 저작권법에 의해 보호를 받는 저작물이므로 저자의 동의 없이 내용의 일부를 인용하거나 발췌하는 것을 금합니다.

* 본 서적은 2024년 한국예술인복지재단 창작지원금으로 발간되었습니다.

소녀는 자라서 엄마가 된다

박은주 김지인 수필집

프롤로그

하나란 이름 그 앞에 놓인 길
위에 마주한 너와 나
아직은 텅 빈 우리의 계절에
멋진 이야기를 채워가

언젠가 오늘 같은 날에
웃으며 꺼내 볼 수 있도록
우리의 첫 Page가 될 이 순간 시작돼
Our Season

- 제로베이스원 [Our Season] 중 -

수많은 계절을 지나면서 엄마와 닮아가는 내 모습을 본다.
글 쓰는 엄마의 등을 바라보던 소녀는 자라서 가사를 쓰는 엄마가 되었다.
우리의 이야기를 시작할 수 있었던 건 좋은 스승인 엄마 덕분이다.
항상 고맙고 사랑합니다.
또한 늘 응원해 주는 가족들과 뱃속에서 열심히 함께 글을 써 준 때복이에게도 감사와 사랑을 전한다.

　세상 모든 소녀였던 엄마들과 엄마가 될지도 모르는 소녀들이 이 책을 통해 공감의 웃음을 지을 수 있길 바라며 첫 페이지를 채워본다.

2024년 9월
딸 작가 김지인

목차

1부

소녀, 시간의 바람에 싹을 틔우고

벽간 소음	12 ~ 17
매미 소리	18 ~ 21
인연의 끈	24 ~ 29
알바스천의 고해성사	30 ~ 35
모순덩어리가 맞습니다만	36 ~ 39
푸른 은유	40 ~ 43
군기 반장의 몰락	44 ~ 47
연결된다는 것	48 ~ 51
제비한테 물린 박씨	52 ~ 55
데칼코마니	56 ~ 59
부력	60 ~ 63

2부

엄마, 햇살을 품고 시간은 흘러서

때맞춰 온 복덩이	68 ~ 71
늑대의 유혹	72 ~ 77
곰탕	78 ~ 81
익숙함에 속아 소중함을 잊지 말자	82 ~ 85
백년손님	86 ~ 89
성모 경당에서	90 ~ 93
3년째 초보운전	94 ~ 97
변증법적 흑백논리	98 ~ 107
오늘 나는 타임슬립을 했다	108 ~ 111
스위치	112 ~ 117

3부

소녀, 기억 너머 시간에 기대어

국동항의 갑오징어는 똑똑했고 눈먼 것은 우리였다   122 ~ 127
허당 박선생   128 ~ 131
꿈풀이   132 ~ 135
팔자 좋다   136 ~ 139
꿈   140 ~ 143
한 번은 그림책 작가로 살고 싶다   144 ~ 149
10월에는 드레스를 입어요   148 ~ 151
꽃차 향이 참 좋습니다   152 ~ 155
시절 인연   156 ~ 159
앞머리   160 ~ 163
하얀 울음   164 ~ 165

4부

엄마, 그리움에 꽃을 피운다

커피와 할머니   170 ~ 175
어머니가 해준 천초묵   176 ~ 179
비바람에도 가지를 뻗는 나무처럼   180 ~ 183
카페인   184 ~ 187
간헐적 단식   188 ~ 191
삽질 인생   192 ~ 195
나의 겨울은 스키장이 있다   196 ~ 199
12월이 되면   200 ~ 203
별이 빛나는 밤에   204 ~ 207
달팽이처럼   208 ~ 211

1부

소녀, 시간의 바람에 싹을 틔우고

' 식탁에서 노트북으로 글을 쓰고 있는 엄마와 '
거실 탁자에서 노트북을 꺼내 노래 가사 작업을 하는 나.
그 모습이 마치 데칼코마니 같다는 생각이 들었다.
시간이 지날수록 나는 점점 더 엄마를 닮아간다.

벽간 소음

그 집은 내가 혼자 가장 오래 살았던 집이었다. 회기역에서 조금 걷다 보면 나오는 경희대학교 앞 삼거리에 있는 상가 2층 원룸. 접근성 편한 위치는 물론, 다른 집들에 비해 눈에 띄게 넓은 평수와 나쁘지 않은 가격이라서 나는 그곳에 두 번째 자취방을 꾸렸다. 대부분의 원룸이 그러하듯 이 집 역시 층간 소음에서 완전히 자유로울 순 없었지만 그래도 그전에 살았던 신축 오피스텔에 비하면 소음이 덜한 편이었다. 윗집은 사람이 안 사는 것처럼 조용했다. 가끔 물건을 떨어뜨리는 소리가 들리면 '아 사람이 있구나'를 알 수 있을 정도였다. 그렇게 2년을 만족하며 지냈다. 그 중국인 유학생이 이사 오기 전까지는.

어느 날 옆집에 누가 이사 왔다. 퇴근하고 집에 돌아오니 옆집에 문이 활짝 열려있었고 얼핏 보이는 문 너머로 채 정리하지 못한 이삿짐 박스들이 쌓여있었다. 남의 집을 대놓고 보는 것은 예의가 아닌 것 같아 황급히 비밀번호를 누르고 집으로 들어왔다. 그리고 그날 저녁 종일 전화 통화를 하며 짐을 정리하는 옆집의 소리가 벽을 타고 들려왔다. 그랬다 이 집의 문제는 층간 소음이 아니었다. 벽간 소음이었다. 그전에는 옆집에 자매가 살았는데, 둘 다 아침 일찍 출근하고 밤늦게 들어와서 그런지 크게 불편함이 없었다. 그런데 웬걸 옆집 남자의 중국 말소리가 마치 벽이 없는 것처럼 집안으로 너무 생생하게 들려오는 것이었다. 거기까지는 이해할 수 있었다. 이사 온 첫날이니 늦게까지 시끄러울 수 있다고 생각했다.

그런데 날이 갈수록 소음의 강도는 점점 세졌다. 하루는 집들이하는지 중국인 친구들을 잔뜩 데려와 밤새 떠들고 놀기 시작했다. 밤 열두 시에도 음악을 크게 틀어 놓고 놀자, 짜증이 난 나는 고민하다 옆집과 연결된 벽을 소심히 두드렸다. 소음은 전혀 줄어들지 않았다. 그 무반응에 갑자기 화가 솟구친 나는 주먹으로 벽을 쿵쿵 두드렸다. 옆집이 멈칫하는 느낌이 들었다. 주먹이 얼얼했지만, 내 불편한 심기가 잘 전달된 것 같아 만족스러웠다. 하지만 소음은 몇 달간 계속되었다. 수면의 질이 점점 떨어지는 것을 참지 못한 나는 귀마개를 샀다. 스티로폼으로 된 귀마개를 꽂아 넣으니 고요함이 몰려왔다. 이거면 됐다고 생각한 순간 다시 한번 귓구멍으로 중국말이 들려왔다. 귀마개는 소용이 없었다. 그저 소음에 익숙해지기를 바라며 겨우 잠드는 날들의 반복이었다. 낮에 계단에서 옆집을 마주할 때면 반갑게 인사하기는커녕 눈을 흘기게 되었다. 그렇게 참고 견디며 살아가던 어느 날 결정적인 사건이 터졌다.

전날 공연으로 무척 피곤하던 나는 그날은 꼭 늦잠을 자고 싶었다. 그런데 아침 6시부터 옆집에서 미친 듯이 큰 음악 소리가 들렸다. 여자 친구도 왔는지 두 남녀의 웃고 떠드는 소리와 알 수 없는 중국 음악 소리에 소스라치게 놀라 깼다. 화가 머리 끝까지 난 나는 벽을 또다시 주먹으로 쿵쿵 두드렸다. 잠시 주춤하던 소음은 이만하면 눈치를 다 봤다 싶은 건지 다시 커지기 시작했다. 제자리로 돌아간 볼륨에 기가 막힌 나는 처음으로 옆집을 찾아가야겠다는 마음이 들었다. 대충 외투를 걸쳐 입고 나가 옆집 벨을 눌렀다. 딩동. 반응이 없었다. 똑똑. 음악 소리가 멈췄다. 똑똑. 그제야 문이 열렸다. 잠옷 차림의 키가 큰 남자가 당황한 표정으로 나를 쳐다보았다. 화가 나 떨리는 목소리를 겨우 누르며 나는 옆집인데 아침 일찍부터 너무 시끄러우니 조금만 조용히 해달라고 말했다. 나름대로는 쏘아붙이지 않고 친절하게 웃으며 말했다고 생각했다. 물론 그 남자의 눈에는 어떻게 보일지 모르겠지만……. 남자는 뭔가 억울하다는 듯이 중얼거리다 알겠다고 미안하다며 어설픈 한국말로 대답했다. 그렇게 상황은 마무리되는 줄 알았다.

  그런데 그날 오후 주인집 아주머니로부터 전화가 왔다. 아주머니는 내게 옆집 사는 남자는 한국으로 유학 온 중국인 유학생인데 안 그래도 외로운 타국살이에 옆집이 자꾸 벽을 두드리고 시끄럽다고 찾아온다며 너무 힘들다고 울면서 전화가 왔다는 것이다. 기가 막혔다. 피해자는 나인데 가해자가 피해자 노릇이라니. 나도 아주머니에게 그동안 소음으로 쌓였던 스트레스와 피해들을 토해내듯 말했다. 아주머니는 양쪽의 입장을 다 이해하나 그래도 한국인인 내가 좀 더 이해하고 사과를 해주었으면 좋겠다고 말했다. 몸이 부들부들 떨렸다. 사람이 너무 어이없고 황당하면 이렇게 몸이 떨릴 수 있다는 걸 그때 처음으로 느꼈다. 하지만 나는 세입자였기에 주인집 아주머니의 황당한 요구를 완전히 무시할 수는 없었다. 그래서 일단 생각해 보겠다 하고 전화를 끊었다.

나는 고립되었다. 집에 덩그러니 앉아서 마주한 공기가 너무 차가웠다. 적반하장인 옆집과 나를 이해하지 못하는 주인아주머니가 내가 온전히 소유하던 집의 따스함을 빼앗아 간 느낌이었다. 그 순간 집이 너무 싫어졌다. 이곳에서는 더 이상 어떠한 포근함과 편안함도 느낄 수 없을 것 같았다. 서울의 삶이 갑자기 확 고달파졌다. 엄마, 아빠가 보고 싶었다. 고향 집으로 내려가고 싶었다. 그 순간 옆집의 마음을 조금은 이해할 수 있을 것 같았다. 지방에서 서울로 온 나도 이렇게 사소한 것에 마음이 무너지고 힘든데 다른 나라로 온 그 친구는 얼마나 더 고달플까. 그래서 더 음악을 크게 틀고 친구들을 자주 초대했을지도 모르겠다. 물론 그렇다고 소음을 정당화해 줄 수는 없었다. 그렇지만 이렇게 넘어가기에는 좀 미안하기도 했다. 어쨌든 내가 벽을 치고 집을 찾아간 것은 사실이기에.

　그래서 마트에서 초콜릿 과자 한 상자를 샀다. 그리고 메모를 붙여 옆집 문고리에 걸어두었다. 직접 얼굴을 보고 사과하지 않은 것은 피해자로서 내 마지막 자존심이었다. 메모에는 '갑자기 집을 찾아간 것은 미안하다. 하지만 나도 소음으로 스트레스를 많이 받아 참다못해 그렇게 한 것이다. 그러니 앞으로는 조금 조심히 해주길 바란다. 나 역시도 예민하게 굴지 않으려 노력해 보겠다. 유학 와서 힘들 것으로 생각한다. 나도 서울에서 사는 것이 쉽지 않아 그 마음을 조금은 알 것 같다. 그러니 앞으로는 이웃끼리 도우며 잘 지내보고 싶다.'라고 적었다. 중국인 유학생의 실력이 어느 정도일지는 모르겠으나 내

진심이 잘 전해지길 바랐다.

　그리고 다음 날 퇴근을 하고 집에 오는데 우리 집 문고리에 쇼핑백이 걸려있었다. 옆집이었다. 중국 과자와 음료수와 함께 역시 메모가 붙어있었다. 메모에는 '시끄럽게 해서 미안하다. 앞으로는 조심하겠다. 먼저 사과해 줘서 고맙다. 이것은 중국에서 유명한 과자와 음료수이다. 맛있게 먹길 바란다.'라고 조금은 번역기를 돌린 티가 나는 어색한 문장들이 적혀있었다. 그 순간 마음의 벽이 녹아내렸다. 벽 너머에 소음을 내던 악마 같던 옆집 남자가 나와 같이 타지에서 열심히 생활하는 친구라는 생각이 들자, 집이 다시 포근해졌다. 아늑함과 따스함이 밀려왔다. 그래 이게 사람 사는 집이지.

　서른두 살이 되어 뒤늦게 대학원에 들어갔다. 첫 수업에 가자, 몇몇 중국인 유학생들이 보였다. 그들을 보자 옆집에 살던 그 남학생이 떠올랐다. 지금은 중국으로 돌아갔을까? 아니면 여전히 한국에서 공부하고 있을까? 그때 들려오던 중국말이 다시 귓가에 들려왔다. 하지만 이제는 소음이 아닌 추억이 되어 들려왔다.

엄마 작가

매미 소리

　매미 소리가 들리면 떠오르는 장면이 있다. 여름 햇살만큼 매미가 따갑게 울던 날, 나는 신작로에서 작고 동글동글한 돌을 줍고 있었다. 그때 우리는 돌멩이로 짜개 받기라는 놀이를 자주 했다. 밤톨 같은 자갈돌을 많이 주울수록 놀이는 오래 할 수 있었다. 그날 나는 빈 책가방에 돌멩이가 가득 찰 때까지 찻길에 있었다. 어쩌다 한 번 지나가는 버스가 먼지바람을 날려도 묵묵히 돌을 주웠다. 작은 손으로 가지고 놀기에 딱 좋은 돌멩이를 열심히 찾았다. 들판에서 들려오는 매미 소리만 바람 없는 길을 가득 채웠다. 나는 그 소리를 친구 삼아 시간 가는 줄도 모르고 여름 햇살을 머리에 이고 있었다. 지금도 매미 소리가 들리면 영화의 한 장면처럼 그때 그 신작로와 자갈돌이 생각난다.

　각인이라는 말이 있다. 머릿속에 새겨 넣듯 깊이 기억되었다는 뜻이다. 어떤 것이 각인되기 위해서는 자극이 강하거나 반복적으로 자주 접해야만 한다. 매일 가지고 놀았던 짜개 받기가 내겐 그랬다. 오른손 애지 손톱 끝이 닳아 없어질 정도였다. 운동선수가 훈련하듯 나는 방학 내내 짜개 받기를 연습했다. 왼손잡이라서 오른손으로 짜개 받기를 하는 게 어설픈 나는 실전에서 잘하기 위해서 연습하고 또 했다.

　하루는 연습으로 자신감이 생긴 나는 친구네로 찾아갔다. 어설픈 내가 덤벼도 될 정도로 만만한 친구였다. 아침밥을 먹자마자 대문을 나섰다. 친구에게 연습할 시간을 주지 않기 위해 일찍 갔다. 혹시 친구한테 짜개가 없을까 봐, 신작로에서 주운 돌을 챙겨갔다. 돌멩이를 본 친구는 고개를 끄덕였다.

  나는 시작하자마자 기선제압을 했다. 손톱이 닳도록 연습한 보람이 있었다. 친구는 짜개 받기를 몇 번 해보지도 못하고 아끼던 돌멩이를 내놓아야 했다. 그때부터 친구의 표정이 좋지 않았던 것 같다. 표정을 봤다면 좋았을 것을. 신이 난 나는 친구의 표정 따위는 눈에 들어오지도 않았다. 미적거리던 친구를 몰아붙이지만 않았어도 그 사달이 나지는 않았을 것이다. 기어코 나는 이겨서 친구의 짜개 돌을 모두 가지게 되었다. 친구의 울음소리를 뒤로 한 채 개선장군처럼 집으로 돌아왔다.

  흥얼거리며 혼자 짜개 받기 놀이를 하고 있을 때였다. 친구가 찾아와서 잠깐 밖으로 나가자고 했다. 나는 귀찮은 듯이 나가기 싫다고 말했다. 그러자 친구가 오빠를 데리고 왔다며 따라 나오라고 힘을 줬다. 친구의 오빠는 우리처럼 초등학생이 아니었다. 나이도 많고 잘난척하는 무서운 오빠인지라 가만히 있을 수가 없었다. 친구 따라 대문 밖으로 나갔다. 친구는 자기 오빠 옆에서 씩씩거렸고 나는 그 오빠 앞에서 울먹거렸다. 오빠가 무슨 말을 하는지 들리지도 않았다. 자기 동생 짜개 돌을 돌려주라며 내 머리에 꿀밤을 먹였다. 마당에 있던 짜개 돌을 챙긴 친구는 무서운 오빠와 함께 사라졌다.

  억울함만 남은 나는 언니를 기다렸다. 내 바로 위의 언니는 싸움을 잘했다. 언니가 집에 오자마자 모든 이야기를 다 해주었다. 그 집에 간 언니는 주먹 한번 쓰지 않고 말로 그 오빠를 혼내줬다. 짜개 돌 챙기라는 언니의 말이 떨어지기가 무섭게 돌을 통에 담았다. 언니의 말처럼 승패가 끝난 일을 가지고 협박하는 것은 신사답지 못한 것이 맞다. 잘난척하길 좋아하던 오빠를 한 방 먹인 언니가 그날따라 더 멋져 보였다.

　뜨거운 열기가 사라질 때쯤 골목에서 시끄러운 소리가 들려왔다. 친구 어머니와 내 어머니가 서로 목소리를 높여가며 싸우고 있었다. 친구의 어머니는 계집애들이 와서 아들 기죽인 게 마음에 들지 않았고 그 말을 들은 어머니는 어머니대로 화가 났던 모양이다. 애들 싸움이 결국 어른 싸움이 되고 말았다. 싸움이 시작되면 모든 말이 무기가 된다. 상대방의 약점은 더 그렇다. 옛날에 있었던 일도 어제 일처럼 재생된다. 그래서 싸움은 시간이 지날수록 유치해진다. 어른들 싸움이라고 다르지 않다. 그날 저녁, 매미 울음소리 같은 두 어머니의 목소리가 골목을 휘젓고 있었다.

　지금 생각하면 내 어머니와 친구 어머니는 어려운 시절을 살았던 여자들이다. 아들을 한 명 더 낳겠다고 딸만 줄줄이 낳은 어머니나 배다른 자식이 있는 친구 어머니는 남들이 모를 사연을 품고 산 사람들이다. 그 마음을 어찌 쉽게 말할 수 있겠는가. 삶이란 고약하고 질긴 것. 그때의 어머니들보다 더 나이를 먹어보니 어렴풋이 알 것 같다. 어머니의 삶이란 그림자를 품고 사는 나무 같다는 것을.

　나른한 오후, 매미 소리가 불러온 어느 한 시절의 풍경과 어머니를 그려본다.

인연의 끈

　어떤 인연은 소리를 타고 온다. 어느 하루 갓난아기의 울음소리 같은 작고 여린 소리가 내 귀에 닿았다. 자동 반응하는 엄마처럼 소리가 나는 곳으로 고개를 돌렸다. 허름한 창고 앞 땡볕 아래에서 울음소리가 났다.

　그곳엔 한쪽 다리를 들고 뒤뚱거리는 고양이 한 마리가 있었다. 도와달라는 듯이 나를 보고 한 번 더 "냐아옹" 울었다. 길고양이 레오와 인연은 그렇게 마르고 가냘픈 울음소리로 시작되었다. 우연이 겹치고 겹치다 보면 필연이 된다는 말처럼 레오와의 만남은 얼마 전에 우연히 만난 흰 고양이에서부터 이미 시작되었는지도 모른다.

　서점 앞에서 우연히 만난 흰 고양이가 있었다. 사람에게 먼저 와서 몸을 비비던 아이였다. 동물보호소에 보내기 위해서는 고양이 상태를 알 수 있는 사진이 필요하다는 말에 내가 사진을 찍었다. 자세히 보니 고양이의 피부 상태가 엉망이었다. 하루빨리 보호소에 가서 치료받길 바랐다. 그러고는 잊어버렸다.

　한참 만에 그 책방에 다시 가게 되었다. 사장님을 보니 그 고양이가 생각났다. 보호소에는 갔는지 궁금해서 물어보니 그 날 밤 죽었다는 말을 들었다. 어두운 밤, 길에 흰 물체가 있어서 가보니 그 하얀 고양이가 길바닥에 죽어있더라는 것이다. 겉으로는 상처가 없었지만, 교통사고일 것 같다고 했다. 그 말에 마음이 아팠다. 내가 본 것이 마지막이라니……. 왠지 내가 그 고양이의 울음을 외면한 것만 같아 미안했다.

그 미안한 마음 때문이었을까, 레오의 울음을 외면할 수가 없었다. 레오를 알게 된 뒤로 우리 부부는 강아지를 데리고 산책할 때마다 찾아가서 사료와 물을 챙겨주었다. 그러다 비와 바람을 피할 수 있는 급식소를 만들게 되었다. 지금 생각해 보면 우리 부부가 찾아가는 횟수만큼 레오라는 이름을 불러준 시간만큼 인연의 끈은 더 단단해졌는지도 모른다.

어느 날 레오가 살던 곳에 높은 가림막이 세워졌다. 그곳이 개발 구역으로 지정되는 바람에 창고가 없어지고 중장비가 들어와서 공사장으로 변해버렸다. 우리 부부는 높은 가림막 앞에서 레오를 불렀고 레오는 가림막 뒤에서 야옹거리며 울었다. 가림막이 생기고 나서 우리 부부는 레오에게 밥을 주기 위해서 조금이라도 낮은 곳을 찾아서 담을 넘었다. 겨울이 되자 낮은 담도 없어지고 모두 넘을 수 없는 높은 가림막으로 바뀌었다. 레오는 늘 가림막 뒤에서 야옹거리며 우리를 기다렸다. 급한 대로 밑에 구멍을 파서 밥과 물을 넣어주었다. 우리 목소리가 나면 레오는 어떻게라도 우리에게 오려고 가림막 뒤에서 울었다. 눈이 내리면 구멍 파는 것도 만만치가 않았다. 더 추워지기 전에 레오의 상태를 확인하기 위해서 우리 부부는 개구멍을 찾기로 했다.

어렵게 찾은 개구멍으로 공사장 안에 들어갔다. 개구멍이 먼 곳에 있어 어쩔 수 없이 한참을 걸어야만 레오한테 갈 수 있었다. 레오는 우리 부부를 보고 좋아했다. 밥도 먹지 않고 내 다리에 얼굴을 비비고 또 비볐다. 내가 쓰다듬어 주면 좋아서 더 비비며 야옹거렸다. 한참을 그렇게 손길을 받고 난 후 그제야 밥을 먹었다. 레오가 밥을 먹으면 우리는 일어났다. 우리 부부는 겨우내 개구멍으로 들락거렸다. 누구를 위해 몸을 땅바닥까지 낮춘다는 것이 어떤 것인지 조금은 알 것 같았다. 우리만 기다리는 레오를 위해서 개구멍으로 들어갈 수 있는 것도 다행이라고 생각했다.

해가 바뀌고 나니 레오의 집과 급식소도 사라지고 없었다. 아무것도 없는 곳에서 우리를 기다리고 있었다. 레오를 그곳에 둘 수가 없어 우리 아파트로 데리고 왔다. 아파트 화단에 온 레오는 낯선 풍경에 놀라서 도망가 버렸다. 아파트와 공사장 사이에는 차가 다니는 도로가 있어 차 불빛과 소리에 당황했다. 레오만큼이나 놀란 우리는 큰소리로 이름을 불렀다. 우리 목소리에 레오가 다시 돌아왔다. 우리 곁에 오지는 않고 약간 떨어진 곳에서 지켜봤다. 혹여 레오가 다시 도망갈까 봐 남편은 레오에게 계속 말을 걸었다. 그러는 동안 나는 집에 가서 새집을 가지고 왔다. 새집을 본 레오가 내 곁으로 왔다. 우리는 새집 옆에 급식소를 놓고 밥과 물을 주었다. 그제야 레오가 밥을 먹기 시작했다. 우리는 약간 떨어진 곳에서 그 모습을 한참 지켜봤다. 다행히 새로운 곳에서 적응하는 듯했다. 아침이면 도로를 건너 공사장으로 들어갔다가 저녁이 되면 우리 아파트로 왔다.

새집으로 잘 찾아오는 모습이 기특하면서도 걱정되었다. 고양이는 영역 동물이라서 살던 곳을 옮겨도 레오처럼 원래 살던 곳으로 돌아가는 습성이 있다. 영역 동물인 레오는 매일 차를 피해 도로를 건너는 위험한 생활을 하게 된 것이다. 원래 살던 곳에서 쫓겨나는 바람에 교통사고가 날 확률이 더 높아져 버렸다. 아침이 되면 나는 도로를 따라 걸었다. 혹여 레오가 다치기라도 했을까 봐 걱정되어 가만히 있을 수가 없었다. 저녁이 되어 레오가 무사히 돌아온 모습을 봐야만 마음을 놓을 수가 있었다. 나는 아침마다 불안한 마음으로 찻길을 걸었다. 아마 레오도 같은 마음으로 길을 걸었을 것만 같았다. 불안한 마음은 쉽게 사라지지 않았다. 마음이 먼저 알고 있었던 것일까?

눈이 펑펑 내린 새해 첫날 누군가 레오 집에 눈덩이를 집어넣고 입구를 막아버렸다. 급식소의 밥과 물그릇도 엉망으로 만들어 놓았다. 처음에는 아이들의 장난인 줄 알았다. 그런데 저녁이 되자 또 눈덩이로 집과 급식소를 엉망진창으로 해 놓았다. 고양이를 괴롭힐 목적으로 일부러 한 것이었다. 레오는 보이지 않았다. 놀란 우리가 부르자 나무 사이 작은 구멍에서 울면서 나왔다. 레오는 불안해하며 주변을 두리번거렸다. 검은 그림자만 보여도 잽싸게 구멍 속으로 다시 숨어버렸다. 그 모습을 보니 우리가 한 일이 과연 레오를 위한 것인지 알 수가 없었다. 레오는 내 곁에서 밥을 먹으면서도 계속 주변을 살피고 또 살폈다. 그런 모습을 보면서 생각이 많아졌다.

결심하듯 밥을 다 먹은 레오를 안았다. 순한 레오는 품에 안겨 야옹거렸다. 그렇게 레오는 새해 첫날 길냥이에서 집냥이가 되었다. 검은 호랑이의 해에 검은 고양이 레오가 우리 집에 온 것이다. 레오라고 이름을 불러주었기에 레오가 되어 우리에게

왔는지도 모른다.

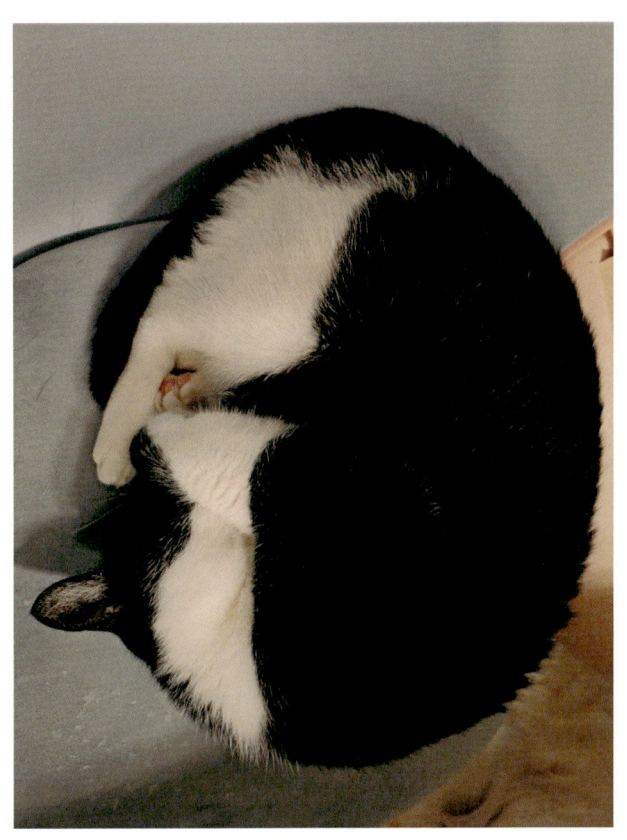

알바스천의 고해성사

성부와 성자와 성령의 이름으로 아멘.

고해성사를 본 지 너무 오래되어 얼마나 되었는지 기억조차 나지 않습니다. 저는 그동안 물질의 유혹에 눈이 멀어 교회와 성당에 양다리를 걸쳤던 '알바스천'이자 '나일론 신자'였던 죄를 지금부터 고백하려 합니다.

제가 처음 교회에 갔던 건 고등학교 2학년 때였습니다. 예술고등학교에서 성악을 전공하던 저에게 하루는 음악부장 선생님께서 교회에서 곧 있을 부활절에 칸칸타를 연주하는 데 참여해 달라고 부탁하셨습니다. 그때는 단순히 일회성이었고 학생이 특별한 이유 없이 선생님의 부탁을 거절하기는 힘들었기에 알겠다고 하였습니다. 한편으로는 입시생인 저에게 노래할 수 있는 무대가 생긴다는 것은 실전 경험을 익힐 소중한 기회였기에 감사한 마음도 있었던 것 같습니다. 그때 처음으로 '아 교회는 노래하면 돈을 주는구나'를 알게 되었습니다. 그 후로 다시는 다닐 일이 없겠다고 생각했던 교회는 대학생이 되어 서울로 올라오자, 본격적으로 저의 일상에 들어오기 시작했습니다.

서울은 거의 모든 교회에서 주말 예배의 성가대에 '솔리스트'라고 부르는 전공자들을 파트별로 한두 명씩 구합니다. 비

전공자인 일반신도들로 이루어진 성가대는 아무래도 노래하는데 한계가 있다 보니 솔리스트들이 도움을 주며 함께 찬양을 드리기 위함입니다. 그 당시 음대생들에게는 이 솔리스트가 웬만한 아르바이트보다 인기가 있었습니다. 주말에 교회에 가서 노래도 하고 예배도 드리며 심지어 돈도 벌 수 있기 때문입니다. 당시에는 평균적으로 한 달에 이삼십만 원 정도를 받았는데 조금 더 욕심을 부리면 아침 일찍 하는 1부 예배를 하고 다음 예배인 2부 예배까지, 소위 두 탕을 뛰면 더 많은 돈을 벌 수 있었습니다. 문제는 교회를 다니지 않는 저와 같은 친구들도 오직 돈을 벌기 위해 교회에 나간다는 것이었습니다. 이런 친구들을 아르바이트와 크리스천을 합쳐서 '알바스천'이라고 불렀습니다. 저도 정말 열심히 알바스천 생활했습니다. 두 탕에 심지어 수요예배까지 세 탕을 뛴 적도 있었으니, 친구들 사이에서는 웬만한 기독교 친구들보다 교회를 많이 간다고 말할 정도였습니다.

하지만 사실 저는 성당에서 만나 결혼까지 하신 부모님의 영향으로 유아세례를 받은 모태 천주교인입니다. 어릴 때부터 첫 영성체를 하고 주일학교에 나가는 것은 당연한 일상이었습니다. 2002년 월드컵 때, 성당 마당에서 신부님과 수녀님들 그리고 친구들과 함께 큰 스크린으로 보며 응원하던 기억은 아직도 생생합니다. 하지만 고등학생이 되자 주말마다 서울에 올라가서 레슨을 받아야 한다는 핑계로 성당을 조금씩 멀리하기 시작했습니다. 성당보다 더 중요한 것들이 훨씬 많아졌기 때문입니다. 그렇게 서울에 올라오자, 처음에는 주말에 친구들과 노는 것이 우선이었고 그러다 조금씩 돈이 필요해지자 어느새 돈을 벌러 교회에 가는 것이 주가 되어버렸습니다.

그렇다고 전혀 양심의 가책이 없었던 것은 아닙니다. '나는 천주교인인데 교회를 이렇게 다녀도 되나?' 걱정하다가도 '하느님은 한 분이시니 내가 교회에 다니는 것도 통 쳐주시지 않을까?'라는 얕은 생각으로 스스로 합리화했습니다. 그렇게 마음먹고 나니 교회에 적응하는 것은 어렵지 않았습니다. 교회와 성당의 기도문은 비슷한 부분이 많았고 찬송가도 거의 비슷했기에 저는 장장 7년이라는 시간을 알바스천으로 보낼 수 있었습니다. 가끔은 나 자신이 교회의 돈을 탈취하기 위한 스파이 같다는 생각에 미안한 마음이 들긴 했지만 그래도 교회에서 만난 좋은 사람들과 가끔 힘이 들 때 내 마음을 꿰뚫어 본 듯한 목사님의 설교는 좋았습니다.

그런데요, 신부님 그래도 저는 어쩔 수 없이 천주교인인가 봅니다. 아니면 제가 교회에 간 목적이 너무 물질적이라서 그런 것이었을까요. 하루는 아는 언니가 저에게 "7년이나 교회를 다니는데도 은혜가 안 생기는 너도 참 신기하다."라고 말하더라고요. 그때 머리가 띵했습니다. 내가 정말 돈만 생각하고 다니고 있구나. 아무리 돈이 중요해도 이건 아니다 싶더라고요. 저에게도, 교회에도 그리고 무엇보다 주님에게 이건 못 할 짓인 것 같았습니다. 그래서 그 뒤로 바로 알바스천을 관뒀습니다.

그렇다고 성당을 나가냐고요? 아니요, 그렇지도 않습니다. 한번 발길을 끊은 성당을 다시 다닌다는 건 정말 쉬운 일이 아니더라고요. 특히 결혼해서 타지에 와버리니 더욱더 쉽지 않네요. 알아요. 핑계라는 거. 저도 제가 바라는 것은 많으면서 실천하지 않는 말 안 듣는 못된 어린양이란 거. 성당도 안 가면서 밤마다 자기 전에 기도는 정말 열심히 해요. 하루도 안 빠진다니까요. 매일 저녁 "오늘 하루도 무사히 보내게 해 주셔서 감사해요, 주님. 그런데요, 내일은 더 좋은 일이 많이 생기게 해 주세요. 예를 들면……."를 시작으로 제가 바라는 온갖 것들을 막 쏟아내요. 하느님이 들으면 정말 어이없으시겠다 그렇죠? "요안나야 성당이나 나오고 얘기해라."라고 하실 거예요.

그래도 하느님은 참 관대하셔요. 제가 바라는 걸 들어주신다니까요. 비록 성당에 안 나오는 '나일론 신자'지만 하루하루 무사하도록 저를 지켜주시는 느낌이 들어요. 저는 참, 사랑을 많이 받는 어린양인가 봐요. 요즘은 그런 생각이 들어요. 내가 지금까지 이렇게 순탄하게 살아갈 수 있었던 것은 다 하느님 덕분이라고요. 예전에는 '내가 잘해서, 내가 열심히 해서 그런 거야.'라고 생각했는데 그건 제 오만이었던 것 같아요. 살아보니 제 의지대로 할 수 없는 일들이 더 많더라고요. 그럴 때마다 저를 항상 옳은 길로 이끌어 주시는 주님께 감사드려요. 제가 부모님께 물려받은 좋은 신앙적 유산을 미래의 제 아이에게도 주고 싶어요. 그러면 우선, 제가 성당에 다시 잘 나가야겠죠? 휴……, 역시 좋은 부모가 되는 건 쉽지 않아요. 그래도 노력해 볼게요. 이번에는 진짜예요! 어머 신부님 제가 말이 너무 길어졌네요. 뒤에 사람들도 많은데…….

그럼, 이 밖에도 알아내지 못한 죄도 모두 용서하여 주십시

오.

성부와 성자와 성령의 이름으로 아멘.

모순덩어리가 맞습니다만

 모순이라는 말이 있다. 창을 뜻하는 모와 방패를 말하는 순이 만나서 만들어진 단어이다. 모순의 유래는 무기 상인의 말에서 시작되었다. 모든 창을 막는 방패와 모든 방패를 뚫는 창을 함께 파는 바람에 사람들의 비웃음을 받으면서 생긴 것이다. 그런 창과 방패 같은 모순이 내게도 있다.
 어느 날, 눈 주변에 있는 작은 점이 눈에 거슬렸다. 한 번 거슬리기 시작한 점은 거울을 볼 때마다 점점 커지는 느낌이었다. 더 커지기 전에 빼야겠다고 마음먹었다. 이왕 하는 김에 얼굴에 있는 점을 다 지우고 싶었다. 병원에 간 나는 눈에 잘 띄지 않는 턱선과 귀 쪽에 있는 작은 점까지 모두 없애버렸다.
 사실 얼굴에 점이 많은 편은 아니다. 군대 간 아들이 유치원 다닐 때 점을 뺀 적이 있다. 막내아들이 유치원에 들어가고 부모 모임을 처음 하던 날이었다. 모임에 참석한 엄마들은 나보다 열 살 이상으로 어린 엄마들이 대부분이었다. 말 그대로 얼굴에서 빛이 났다. 구김살 하나 없는 맑은 얼굴들뿐이었다. 그들의 깨끗한 피부가 거울이라도 된 듯 나이 든 내 얼굴이 자꾸 보여 마음이 편치 않았다.
 나는 모임이 끝나자마자 바로 점 빼러 병원에 갔다, 늦둥이 아들이 친구들 엄마보다 내가 더 늙어 보인다고 할까 봐 두려웠다. 점이 가득한 얼굴에서 내 어머니의 얼굴이 보였기 때문이다. 얼굴에 있는 점이 마치 어머니 얼굴에 있던 주름살처럼 느껴졌다. 나도 아들처럼 어머니의 늦둥이 막내딸로 태어났다.

초등학교에 다닐 때 나는 할머니 같은 어머니가 부끄러웠다. 학교에 들어가고 보니 시내에 사는 친구들의 어머니는 내 어머니보다 훨씬 젊었다. 젊은 어머니를 둔 친구들이 할머니 같은 어머니를 보고 놀릴까 봐 겁이 났다. 까맣게 잊고 있던 그 두려움이 늦둥이 아들 유치원에서 불쑥 튀어나와 버렸다. 그날 나는 두려움을 털어내듯 병원에서 점을 태워버렸다.

어느덧 시간은 흘러 막내아들이 청년이 되었다. 아들이 자라는 동안 얼굴엔 다시 점이 생겼다. 이젠 점이 생겨도 신경 쓸 정도로 어린 자식이 있는 것도 아니다. 그런 내가 또 점을 뺐다니……. 더욱이 내 꿈은 캠핑카 타고 떠돌이 생활하는 것이다.

노년에, 시골에서 떠돌이 생활을 하는 게 꿈인 나는 햇살과 친해야 한다. 흙을 만지는 만큼 얼굴엔 점이 자랄 것이다. 전원생활을 한다는 것은 점도 주름살처럼 받아들일 줄 알아야 한다. 그런 내가 또 점을 뺐다는 게 모순이다. 얼굴을 신경 쓰면서 전원생활을 즐긴다는 게 왠지 앞뒤가 맞지 않는 느낌이다.

창과 방패를 판 장사꾼의 마음을 생각해 보았다. 전쟁터에서 창과 방패는 꼭 필요한 무기이다. 창을 휘두를수록 창의 위력을 알수록 두려움은 커지기 때문이다. 무서운 창을 상대방도 가지고 있기에 두려움은 배가 되지 않았을까. 두려움을 없애기 위해 방패라는 보호막이 필요하게 된 것이다. 그러니 수완 좋은 장사꾼은 창과 방패를 같이 팔 수밖에 없다.

나이가 들어도 얼굴을 신경 쓰는 나는 아이들과 그림책 놀이를 하는 사람이다. 어린아이들과 수업하다 보니 조금이라도 어려 보이고 싶은 마음이 있다. 가끔 어린아이들이 내 나이를 물어볼 때가 있다. 그러면 너희들 엄마보다 많다고만 말해준다. 아이들이 정확한 숫자를 알려달라고 떼를 써도 입이 떨어지질 않는다. 그래서일까, 어쩌면 그래서 점을 뺐는지도 모른다. 아니면 어릴 때의 두려움이 나를 건드렸는지도.

  평화를 위해 전쟁한다는 모순적인 상황처럼 살다 보면 크고 작은 모순을 만날 때가 있다. 살 뺀다면서 맛있는 음식 주문하는 것처럼, 환경을 생각해야 한다면서 일회용품을 쓰는 것처럼. 어쩌면 두려움을 품은 나약한 인간이기에 그런 것은 아닌지. 모순덩어리인 나를 위해 변명 한번 해본다. 죽음을 향해 달려가는 삶, 그 자체가 모순이라고.

푸른 은유

 장마가 끝나자마자 매일 소나기가 내리고 있다. 글을 쓰고 있는 지금도 앞 베란다에 물방울을 달아놓았다. 작은 물방울에 내려앉은 햇살은 불이 켜진 전구처럼 환하게 웃고 있다. 마치 빛나는 날이라고 인사하듯 내 앞에서 반짝거린다. 순간 내 기억의 창고에도 불이 켜졌다.
 어느 여름방학 때였다. 한낮의 열기가 달아오르면 초등학생인 우리는 약속하지 않아도 자연스럽게 바다로 갔다. 수영할 시간이라는 걸 바닷가에 사는 아이들은 다 알고 있었다. 먼바다에는 아침부터 낚시하러 간 동네 오빠들이 갯바위에서 검은 그림자처럼 서 있었다. 먼바다에 가지 못하는 우리는 여름 열기로 데워져 물놀이하기 딱 좋은 바닷물에서 개구리헤엄, 개헤엄을 치면서 깔깔댔다. 바닷가에 사는 아이들은 어른이 수영을 가르쳐주지 않아도 생존 헤엄 정도는 할 줄 알았다. 무리에서 잘하는 아이가 시범을 보여주면 못 하는 아이들은 그대로 따라 했다. 배우면서 놀고 놀면서 배우는 식으로 우리는 바다에서 엄마 개구리를 따라가는 어린 개구리가 되었다가 강아지가 되곤 했다.
 그때 소나기가 내리면 우리는 잽싸게 바다에서 나왔다. 작고 동글동글한 자갈돌 위에 누워 소나기를 맞았다. 뜨거운 여름 햇살로 달궈진 자갈돌은 소나기에도 그 열기를 품고 있었다. 따듯한 돌 위에 누워 시원한 소나기를 맞는 건 여름 바닷가에서만 할 수 있는 재밌는 놀이였다. 우리는 마사지를 받는 손님처럼 편안하게 비를 맞았다. 소나기를 맞는 이유는 또 있다. 바닷물의 소금기를 씻어내기 위해서 소나기가 내리면 샤워하듯 비를 맞았다. 보통 때는 우물가에 가서 몸을 헹궜다. 지하수인 우물은 비명이 날 정도로 차가웠다. 그러니 소나기가 얼마나 고마운지 우리는 웃으면서 따듯한 자갈돌 위에서 소금기를 헹궜다.

소나기가 그치면 우리는 몸을 말리기 위해서 모래밭에서 놀았다. 모래로 집을 짓고 소꿉놀이를 했다. 모래를 쌓아 텔레비전에서 본 침대를 만들고 식탁과 의자를 만들었다. 집을 다 만들고 나면 서로 초대하여 차를 마셨다. 마치 드라마 속 도시인처럼 아파트 생활이 익숙한 사람처럼 우리는 모래 침대에서 잠을 자고 식탁에서 옥수수와 삶은 감자를 먹었다. 어쩌면 내 상상력은 그렇게 모래밭에서 따듯한 해풍을 맞으며 자랐는지도 모른다.

그때 우리는 참 순한 아이들이었다. 누가 시키지 않아도 아끼고 절약하는 부모님의 모습을 따라 했다. 비가 오면 큰 통에 물을 받아놓고 쓰던 부모님의 모습을 보고 자란 우리는 소나기에 몸을 씻을 정도로 순한 시골 아이들이었다. 철썩이는 파도 소리를 음악처럼 듣고 자란 나는 물이 만들어내는 소리는 다 좋아한다. 물소리는 내게 시원하면서도 따듯함을 주는 메타포이다. 소나기가 불러온 여름날의 푸른 은유이다.

군기반장의 몰락

 2남 1녀 중 장녀로 태어난 나는 우리 집 군기반장이었다. 중학교 때 아빠가 당진으로 직장을 옮기면서 주말 부부가 된 부모님의 영향이었는지, 아니면 K-장녀의 본능이었는지 나는 엄마의 짐을 덜어 주어야겠다고 생각했다. 남동생들이 버릇없이 굴거나 학업에 소홀히 하면 아빠의 빈자리를 대신해 잔소리하고 혼을 내었다. 그렇게 나는 군기반장을 자처했다.
 이 방법은 특히 첫째 동생에게 효과가 탁월했다. 4살 아래인 남동생은 성격이 순했다. 평소에도 누나 말이라면 고분고분 잘 따랐다. 물론 가운데 낀 자의 사연과 설움이야 있었겠지만, 군기반장은 그런 것 따윈 봐주지 않았다. 오로지 엄마에게 대들지 않고 공부를 열심히 해주면 그만이었다. 사춘기에 접어들면서 조금씩 반항기를 보이는 듯했지만, 내 빈틈없는 따발총 잔소리와 매서운 째려보기에는 속수무책이었다. 나는 열심히 채찍을 휘둘렀다. 너무 했나 싶은 날에는 진심을 담은 장문의 문자 메시지로 당근을 주는 것도 잊지 않았다.
 4살 아래 동생도 이렇게 쉽게 다뤘는데 11살 아래 막냇동생은 껌이라고 생각했다. 그 껌이 내 머리카락에 덕지덕지 붙게 될 거라고는 상상도 못 하고 말이다. 2000년생인 막내는 전형적인 MZ세대였다. 아니 자유로운 영혼이었다. 래퍼를 꿈꾸던 동생은 고등학생 때부터 이미 예술가가 된 듯한 삶을 살았다.

그런 모습이 눈에 거슬릴 때쯤, 나는 서울 생활을 청산하고 집에 내려갔다. 그것이 몰락의 서막이었다.

"집에 온 김에 막냇동생 노래 좀 가르쳐줘."

엄마가 말했다. 성악 전공자인 나는 귀찮긴 했지만 돈 주고 다른 데서 배우느니 내가 기본적인 걸 알려주면 좋을 것 같았다. 그게 문제였다. 가족끼리는 가르치지도, 배우지도 않는 것이라고 했거늘. 나는 오래전 첫째 동생에게 피아노를 가르치다 대판 싸웠던 날은 까맣게 잊은 채 같은 실수를 반복하고야 말았다. 동생이 며칠은 제법 열심히 따라왔다.

그런데 그날은 자꾸 답답하게 굴었다. 방안은 더웠고 나는 점점 짜증이 나기 시작했다. 조금씩 언성이 높아졌다. 그러다 갑자기 동생이 소리쳤다.

"나 안 해!"

군기반장의 인내심이 툭하고 끊겼다.

"뭐? 안 한다고?"

"어 안 해, 안 한다고!"

"이게 어디서 큰소리야!"

"누나가 무슨 상관인데, 짜증 나게 하지 말라고!"

"뭐가 어쩌고 어째!"

보통은 이 정도면 꼬리를 내려야 하는데 막내는 달랐다. 어느새 나보다 훌쩍 큰 키로 얼굴을 들이밀었다. 순간 당황했다. 당황한 티를 내지 않으려고 점점 더 험한 말을 했고 고성이 오가고 싸움은 점점 유치해졌다. 그리고 내가 집을 뛰쳐나갔다.

왜 그랬을까. 아마도 약이 올랐던 것 같다. 29살이나 먹었는데 고등학생에게 밀리다니. 씩씩거리며 무작정 아파트를 걸었다. 그리고 벤치에 앉는데 갑자기 눈물이 또르르 흘렀다. 완패였다.

　엄마가 나를 찾으러 나왔다. 마음은 이미 들어가고 싶었지만, 자존심에 앉아 있던 나는 마지못해 집에 들어가는 시늉을 했다. 집에 돌아와 자초지종을 들으니, 동생도 속상해서 울다 친구들을 만나러 집을 나갔다고 한다. 피식 웃음이 났다. 집을 뛰쳐나가는 모습이 누가 봐도 우린 남매였다. 그날 밤 동생에게 먼저 사과했다. 그리고 우리 집 군기반장이라는 타이틀을 내려놓았다. 인정받는 군기반장이 되고 싶었던 거지, 꼰대가 되고 싶었던 것은 아니었기에.

　그런 막내가 얼마 전 입대를 했다. 훌쩍 큰 키가 제법 어른스러워 보였지만 빡빡 깎은 머리가 그날 내게 대들던 밤톨 머리와 너무 비슷해 웃음이 났다. 여전히 나에게 막냇동생은 어디 내놓기 불안하고 마음이 쓰이는 존재이다. 부디 막내가 추운 겨울 몸 건강히 군대 생활을 잘하길 바란다.

김지인

연결된다는 것은

 갑자기 왼쪽 눈이 따끔거려 거울을 본다. 속눈썹 하나가 빠져 눈동자에 붙어있다. 눈썹을 빼내려고 애를 써도 소용이 없다. 손을 대면 댈수록 눈만 벌게진다. 어느 순간 눈썹은 안으로 들어가 버렸는지 보이지 않는다. 그러자 이번엔 오른쪽 눈이 따끔거린다. 다시 거울을 보니 오른쪽 눈동자에 속눈썹이 있는 게 아닌가. 신기한 마음도 잠시, 호흡을 가다듬곤 눈에 렌즈를 넣을 때처럼 부릅뜬 채 거울 속의 눈동자만 보면서 손가락으로 눈썹을 살짝 누른다. 이번에 손가락에 눈썹이 묻어난다. 속이 다 시원하다. 이젠 눈이 아프지 않다. 두 눈이 서로 연결되어 있음을 몸소 경험한 희한한 일이다. 연결이라는 말을 떠올리자 입대한 막내아들이 생각났다.
 새해가 되자마자 막내아들은 얼떨결에 군대에 입대하게 되었다. 따듯한 계절은 지원자가 많아 지원하지 못한 채 나이 순서대로 겨울에 입영통지서를 받게 되었다. 갑작스러운 소식에 2월에 친구들과 일본 여행을 가려고 아르바이트까지 하던 아들도 마른 아들이 걱정되어 군대 가기 전에 살찌우겠다고 한약을 지어놓은 나도 황당했다. 지금은 두 봉지 먹고 남은 한약은 냉동실로 들어가고 택배로 온 단백질 보충제와 구운 계란 육십 개는 아직 자리를 잡지 못하고 있다. 아들은 아들 대로 급하게 알바를 그만두고 몸만들기를 했다. 며칠 동안 물 대신 단백질 보충제를 물처럼 마시더니 속이 좋지 않다며 더는 먹지 않았다. 밥이라도 부지런히 먹이려고 했는데 아들은 시간이 아깝다며 친구들과 놀고 늦게 들어와서 밥을 차려줄 수가 없었다.

　그런 아들이 하루는 내 생일날 깜짝선물을 할 것이라고 선전포고하듯 큰소리를 쳤다. 보통 깜짝선물은 몰래 준비해서 그날 짠하고 주는 게 일반적이다. 그런데 아들이 큰소리를 치면서 미리 말하는 걸 봐서 정말 깜짝 놀랄 선물인 듯했다. 혹시 하는 마음에 정말 궁금하다고 말하니 "엄마 정말 깜짝 놀랄걸, 한 번도 받아본 적 없는 선물이야." 하면서 눈은 반짝거리고 입꼬리는 위로 올리며 밝게 웃는 표정을 보니 무엇인지 감이 잡혔다. 여행경비로 모아놓은 이백만 원이 생각났다. 내 생각이 맞기라도 하듯 아들은 입대하기 전에 아빠에게도 똑같이 선물할 것이라고 말했다.

　말과는 다르게 아들은 내 생일날 깜짝선물을 하지 않았다. 아들에게 선물 이야기하니 마지막 아르바이트비를 받아 이번 주말에 준다는 것이다. 얼마나 큰 금액을 주려고 저러나 싶었다. 여행을 못 가게 된 아들은 갑자기 겨울에 얇은 가죽 잠바를 사더니 또 정장 차림으로 외출한다면서 정장에 코트, 구두, 검정 양말까지 야무지게 쇼핑하고 다녔다. 입대하기 전에 사고 싶은 옷을 다 사려는지 매일 새 옷을 입고 외출했다. 옆에서 봐도 여행경비를 다 써버렸을 것 같았다. 저렇게 산 옷 제대하고 나오면 입을 수 있을지가 걱정되었다. 아들한테 농담으로 "너 군대 가고 나면 가죽 잠바는 엄마가 입을게." 하니 아들이 웃으며 고개를 끄덕였다.

　옷으로 멋 내는 아들 모습에 마음이 짠했다. 학교 졸업하고 여기저기 아르바이트 다닌다고 그동안 아들은 편한 옷만 입고 다녔다. 공부보다는 돈을 벌고 싶다며 늦은 시간까지 일했다. 너무 일찍 돈 버는 게 걱정되었지만 무기력하게 집에만 있기보단 나은 것 같아 지켜보는 중이었다. 아직 어린 나이이니 하고 싶은 것 하고 공부해도 되니까. 형은 공부하다 군대 갔지만 막내는 알바만 하다 군대 가는 것 같아 마음이 쓰였다. 아들도 그런 마음인지 마치 자신에게 보상하듯 새 옷으로 꾸미는 것 같았다. 저렇게라도 자신을 사랑하는 아들이 한편으론 건강해 보였다. 자신을 사랑하는 마음으로 군 생활을 한다면 제대할 때까지 잘 버틸 수 있지 않을까.

　주말이 되었다. 토요일 아침 수업하러 가려고 차 문을 열었다. 핸들 위에 흰 종이가 붙어있는 게 아닌가. 순간 깜짝 놀랐다. 밤에 누군가 내 차 문을 몰래 열었다니. 급하게 운전석에 앉고 종이를 자세히 보니 편지봉투였다. 꾸깃꾸깃한 봉투를 여러 개의 테이프로 붙여놓은 것이었다. 안을 보곤 더 깜짝 놀랐다. 만 원짜리 지폐가 빼곡하게 담겨있었다. 수업을 다 마치고 세어보니 오십만 원과 편지가 들어있었다. 생일 축하한다는 마음과 군대 잘 다녀올 테니 걱정하지 말라는 마음을 담아 '엄마 사랑해요.' 했다. 아들 말처럼 한 번도 받아본 적 없는 선물에 깜짝 놀랐다. 내가 걱정한다는 것을 알고 안심시키려고 애쓴 마음에 울컥했다. 아들과 내가 서로 연결되어 있다는 것을 느끼는 순간이었다.

서로에게 연결된 것은 바람에 흔들려도 버틸 수가 있다. 연결고리가 마치 나무의 버팀목처럼 서로를 지지하기 때문이다. 아들을 사랑하는 내 마음이 나를 사랑하는 아들 마음이 서로에게 연결고리이자 버팀목이 되어, 군에서 생활하는 시간을 잘 버틸 수 있도록 해줄 거라고 믿는다. 눈썹이 빠진 날, 아들이 훈련소에 가고 집에 없는 날, 우리의 연결고리는 더 단단해지고 있다.

제비한테 물린 박씨

 산책하다 제비 한 마리를 만났다. 흑백의 조화가 턱시도를 차려입은 듯하다. 그 모습을 보니 문득 아들 생각이 났다. 회사에 취직한 지 얼마 되지 않을 때였다. 서울에서 자취하던 아들한테서 전화가 왔다. "엄마 의논할 게 있어요."
 아들의 이야기는 편의점에 가다 우는 새끼 고양이를 발견했는데 하필이면 찻길에서 움직이지 않았다. 위험한 것 같아 편의점 옆으로 옮겼는데 걷지를 못하고 울기만 했다. 너무 애처롭게 울어 외면할 수가 없어 집에 데리고 왔다는 것이다. 먹을 걸 주면서 살펴보니 다리를 다친 것 같아 동네병원에 갔다. 의사한테서 들은 말은 하루빨리 다리 수술해야 한다는 것과 자기 병원에서는 할 수 없고 큰 병원에 가보라는 거였다. 내일 큰 병원에 가려고 한다면서 수술비가 대략 오백만 원 정도 한다는 내용을 차분하게 마치 내 눈치를 살피는 것처럼 작은 소리로 말했다. '오백만 원'이라는 액수에 놀란 나는 순간 멍해졌다. 대학도 졸업하지 않은 상태에서 갓 취업한 아들은 우리 부부가 보내주는 돈으로 생활하는 중이다.
 옆에서 듣고 있던 남편이 내 손에 있던 전화기를 가져갔다. 아들 형편으론 어려우니 있던 자리로 돌려보내라고 했다. 그 말에 아들은 아빠도 길냥이를 집으로 데리고 왔으면서 자기는 왜 안 되느냐고 서운한 티를 냈다. 그 말을 들은 남편은 아무

말도 하지 못하고 전화기를 다시 내게 건네주었다.

남편 말에 마음이 다급해진 아들은 엄마가 도와주면 매달 월급 받아서 갚겠다고 한다. 망설이는 내게 마지막으로 아들은 "엄마, 돈 때문에 어린 생명을 포기할 수는 없잖아요?" 한다. 맞는 말이다. 평소에 돈보다 생명이 더 귀하다고 말하면서 자식을 키운 건 우리 부부이다. 우리가 말한 대로 아들은 살고 있다. 일단 내일 큰 병원 가서 상담받고 다시 전화하라고 했다.

남편은 길냥이들 밥과 물을 챙기면서 집에 있는 사료 다 주고 나면 밥 주는 것을 하지 않겠다는 말을 남기고 현관문을 닫았다. 내가 시작한 밥 주는 일을 요즘은 날이 추워지면서 남편 혼자 하고 있다. 아들의 마음도 남편의 마음도 다 이해되었다. 다만 오백만 원이라는 병원비만 이해할 수가 없었다. 괜히 착한 아들 마음 몰라주는 의료시스템이 미워지고 오백만 원을 오십만 원 정도로 받아들일 수 없는 우리 형편이 싫었다.

현관문 열리는 소리에 남편 눈치부터 살폈다. 들어오자마자 남편은 한숨을 쉬면서 휴대전화로 찍은 사진을 보여줬다. 가보니 처음 보는 어미와 새끼 고양이가 와서 밥 주길 기다리고 있더란다. 간식을 주니 어미는 안 먹고 새끼 먹는 모습 지켜보더라며 그 어미와 새끼를 보고 나니 그만둘 수 없을 것 같단다. 우리 부부에게 이 일은 시작하는 것보다 멈추는 게 더 어렵다. 생명 돌보는 게 쉬운 세상이면 얼마나 좋을까?

다음 날, 전화가 왔다. 여러 곳을 가봤는데 그중 한 곳이 실력도 좋으면서 수술비가 사백만 원이라고 해서 그곳에 고양이를 입원시켰다고 했다. 입원시켰다는 말에 한마디 하려다 사백만 원이라는 말에 마음이 조금 가벼워졌다. 백만 원 차이가 크게 다가왔다. 아들도 그랬을 것 같았다. 하루가 급한 수술이라서 입원을 빨리 시킬 수밖에 없었단다. 이미 수술하기로 한 것을, 뭐라 할 수도 없었다. 나는 잘했다고 하면서 한마디는 해줘야 할 것 같았다. "앞으로 명품 살 생각 하지 마라. 너는 명품 살 돈으로 생명을 살리는 일 했으니, 큰 자부심과 책임감 가지고 살아라." 칭찬을 빙자한 잔소리에도 아들은 밝은 목소리로 "네." 대답했다.

그러곤 푸바오라는 이름과 사진을 보내주었다. 푸바오의 모습이 꼭 제비처럼 턱시도 냥이었다. 그 모습을 본 남편이 "제비처럼 생겨서 나중에 박씨 물고 오겠지. 지 다리 고쳐줬는데." 그 말에 헉, 할 말이 없었다.

'제비, 박씨? 나, 박씨인데!'

데칼코마니

'딸은 아빠를 닮는다.' 나는 이 말을 증명하듯 아빠를 닮았다. 가장 눈에 띄게 닮은 것은 노래를 좋아한다는 것이다. 아빠는 예쁜 목소리를 가졌다. 예전에 팝페라 가수 '임형주'의 목소리를 처음 듣고 아빠의 목소리와 굉장히 비슷해서 깜짝 놀란 적이 있다. 그만큼 타고난 목소리가 예쁘고 노래도 잘한다. 그래서 어렸을 때부터 성악과에 가고 싶었다고. 그러나 집안 형편이 되지 않아 그 꿈을 포기하고 일찍 취직하였다고 한다. 나는 그런 아빠의 유전자를 물려받아 성악을 전공했다. 나에게 처음 노래를 가르쳐 준 사람도, 내가 성악을 전공해 예술고등학교에 가고 싶다고 했을 때 가장 먼저 내 편을 들어준 사람도 바로 아빠다. 자신과 꿈이 닮은 딸이 집안 형편 때문에 음악을 포기하는 일은 만들지 않겠다며 열심히 내 뒷바라지를 해주었다. 대신 아빠는 성당 성가대를 열심히 다니는 것으로 못다 이룬 음악의 꿈을 채워가면서 말이다.

하지만 나와 아빠를 잘 아는 사람이라면 우리 두 사람이 가장 많이 닮은 것은 바로 성격이라고 말할 것이다. 아빠는 무척 꼼꼼하다. 어느 정도냐면 어릴 때 가족끼리 여행을 가려 하면 가스 점검을 시작으로 온갖 창문 단속, 문단속을 몇 번이고 하는 탓에 온 가족이 출발 전부터 기다리다 지쳐버리곤 했다. 겨우 차에 타고나서도 "내가 문을 확실하게 잠갔나? 아까 손잡이를 돌렸을 때 살짝 흔들리지 않았어?"라고 하며 다시 확인하러 집으로 올라가 엄마와 싸운 적도 있다. 그런 아빠의 수고를 덜어주려 했던 건지, 아니면 내가 분업하면 조금이라도 빨리 출발할 것 같아서였는지는 모르겠지만, 어느 새부터인가 나는 아빠를 도와 집안의 온갖 단속을 함께하고 있었다. 그리고 이제는 아빠를 뛰어넘어 더 심하게 모든 것을 재차 확인하는 사람이 되었다.

또 아빠는 물건 하나를 사더라도 꼼꼼하게 상태를 따져보고 가격을 수없이 비교해 보고 나서야 겨우 산다. 나는 이것도 참 많이 닮았다. 쉽게 물건을 사는 법이 없다. 요모조모 따져보고 합리적인 소비라는 생각이 들어야만 구매를 결정한다. 재밌는 것은 예전에 아빠와 내가 함께 핸드폰을 바꾸러 나간 적이 있다. 엄마는 집을 나서는 우리 둘을 보고 제발 그냥 돌아오지 말고 오늘은 꼭 핸드폰을 사서 오라고 신신당부했다. 그렇다 우리는 벌써 며칠째 둘러보기만 하고 사지 못하고 있었다. 꼼꼼하게 따져보기로는 둘째가라면 서러운 부녀가 만났으니 핸드폰 하나 구매하는 것도 쉬운 일이 아니었다. 슬프게도 그날 역시 우리는 빈손으로 돌아왔다.

'딸은 갈수록 엄마를 닮는다.' 나는 이 말 역시 틀린 말이 아님을 증명하듯 점점 엄마를 닮아간다. 엄마는 글을 쓴다. 처음 글을 쓴 것은 내가 중학생 때였던 것 같다. 엄마는 그날 동네 문화센터에 발 마사지 강좌를 등록하러 간다고 했다. 그때 한창 발 마사지에 빠져있어 나와 동생의 발을 주물러 줬던 기억이 난다. 엄마가 마사지해주면 잠이 솔솔 오는 느낌이 좋았다.

그래서 엄마가 발 마사지를 배우면 좋겠다고 생각했다. 그런데 돌아온 엄마는 뜬금없이 수필 수업을 등록하고 왔다. 발 마사지는 인기 강좌라 일찍 인원이 다 차버렸다는 것이었다. 그렇게 찰나의 우연이 엄마를 수필가의 길로 이끌었다. 이후 엄마는 온종일 컴퓨터 앞에 앉아있었다. 어떨 때는 끼니도 거르며 자판을 쳤다. 밤늦게까지 글을 고치고 또 고쳤다. 처음에는 그런 엄마의 모습이 이해되지 않았다. 글쓰기는 학교에서 내주는 귀찮은 과제일 뿐이었던 나에게 밥을 거르면서까지 글을 쓰는 엄마는 무슨 재미로 저러는지, 마치 딴 세상 사람 같았다.

그런데 요즘 내게서 엄마의 모습이 보인다. 밤새 노트북 앞에서 글을 쓰고 고치기를 반복한다. 가끔은 정말 배도 안 고플 정도로 집중을 한 탓에 종일 굶기도 한다. 그때의 엄마가 무슨 재미로 글을 썼는지 이제는 알 것 같다. 엄마는 그렇게 글을 써서 상을 받기 시작하더니 책을 출판한 어엿한 작가님이 되었다. 과거 엄마가 나에게 글을 읽고 감상평을 해달라고 했을 때는 사실 딱히 할 말이 없었다. "재밌어.", "잘 읽혀." 정도가 내가 해줄 수 있는 칭찬이었다. 나는 글쓰기에 관심이 없었기에 엄마에게 해줄 수 있는 말에도 한계가 있었다. 그러나 요즘 엄마의 글을 보면 해주고 싶은 말이 많다. 여기는 이래서 좋고 저기는 이런 표현이 참 인상적이라고. 어느새 나와 엄마는 함께 글을 쓰는 동료가 되어간다. 아마 내가 가사를 쓰기 시작하면서부터인 것 같다.

작사도 글을 다루는 작업이다 보니 막막할 때는 엄마에게 도움을 요청한다. 그때마다 엄마는 내 가려운 곳을 긁어주듯

해답을 주기도 하고, 전혀 다른 방향으로 시각을 전환할 수 있는 단서를 주기도 한다. 그러다 보니 엄마와 다른 작업도 함께 하고 싶어져서 내가 활동하는 팀의 연주를 위한 극본이나 오페라 대본을 같이 쓰기 시작했다. 엄마는 나에게 좋은 글쓰기 선배이자 선생님이다. 내가 '이런 거 저런 거를 쓰고 싶어.'라고 말하면 엄마는 뚝딱 글을 만들어 준다. 그래서 엄마와 함께 글을 쓰고 싶은 것이 점점 많아진다.

오랜만에 당진으로 내려가 늦은 아침을 먹고 난 뒤, 문득 우리의 모습을 봤다. 식탁에서 노트북으로 글을 쓰고 있는 엄마와 거실 탁자에서 노트북을 꺼내 가사 작업을 하는 나. 그 모습이 마치 거실을 경계로 반 접어서 찍어놓은 데칼코마니 같다는 생각이 들었다. 시간이 지날수록 나는 점점 더 엄마를 닮아간다.

부력

텔레비전 채널을 돌리다 우연히 교육 방송을 봤다. 초등학생을 위한 과학 이야기를 하고 있었다. '부력'이라는 단어를 듣는 순간 기억의 문이 활짝 열렸다.

딸이 유치원에 다니던 때였다. 아이는 교육 방송을 자주 보았다. 텔레비전 채널이 다양하지 않던 그때는 교육 방송이 어린이가 볼 수 있는 프로를 많이 하고 있었다. 그날도 간식을 먹으면서 텔레비전을 보고 싶다고 했다. 나는 리모컨으로 아이가 볼 수 있는 번호를 눌렀다.

교육 방송에서 과학 이야기하는 장면이 나왔다. 집안일하면서 텔레비전 소리를 들어보니 부력에 관한 이야기였다. 배가 바닷물에 가라앉지 않고 뜨는 원리를 설명하는 내용이었다. 다섯 살 딸아이는 간식도 먹지 않고 몰입해서 보고 있었다. 내가 보기에 재미있게 풀어내는 방식도 아니었다. 초등학생 중학년 정도라면 모를까.

과학책보다 이야기책을 더 좋아하는 딸아이가 재미있게 보는 것이 신기하기만 했다. 어쩌면 내가 생각하는 것보다 딸아이가 똑똑할지도 모른다는 기대감으로 손에 낀 고무장갑을 살며시 벗고 조용히 옆에 앉았다. 혹시 아이가 이해하지 못한 부분이 있다면 이야기해 줘야겠다는 마음으로 나도 집중에서 봤다. 사실 나는 과학을 좋아하지 않는다. 그리고 잘 알지도 못한다. 그런 나와는 다르게 과학 프로를 열심히 보는 어린 딸아이가 기특했다. 잠깐 딴생각을 하는 내게 말을 걸었다.

"엄마, 바다에 배가 왜 뜨는지 알아?" 초롱초롱한 눈빛으로 아이는 말했다. 나는 드디어 다섯 살인 딸아이가 초등학생도 설명하기 어려운 부력이라는 개념을 이야기한다니, 감격해하며 아이보다 더 초롱초롱한 눈빛으로 바라보았다.

"엄마, 외갓집 앞에 바다 있지?"

'어, 갑자기 외갓집?'

"바다에 오징어 배 있지?"

'오징어 배? 텔레비전에서는 오징어 배 이야기가 없었는데……'

"오징어 잡으려고 배가 바닷물에 뜨는 거야!"

대단한 사실을 알게 된 딸아이는 노래를 흥얼거리면 요플레를 떠먹었다. 끝내 아이의 입에선 부력이라는 단어는 나오지 않았다. 부력을 설명해 주는 것을 들으면서 오징어 배 불빛이 환했던 밤바다를 떠올린 딸아이였다. 역시 딸은 나를 닮았다.

2부

엄마, 햇살을 품고 흐르는 시간 속에서

' 딸을 위해 곰탕을 끓여보니 어머니의 마음을 알 것 같다. '
밤낮으로 끓인 어머니의 마음을.
그때 어머니가 우려낸 것은 곰탕이 아닌 사랑이었다는 것을.

때맞춰 온 복덩이

별 기대감 없이 여느 때처럼 테스트기를 바라봤다. 헉, 두 줄, 임신이었다.

사실 결혼하고 나서 임신은 내가 마음만 먹으면 되는 건 줄 알았다. 그래서 적당히 신혼생활을 즐기다 천천히 준비하면 되겠거니 생각했다. 하지만 정작 준비를 시작하니 한 생명을 잉태한다는 것은 생각보다 쉬운 일이 아니었다.

예전 신혼집 엘리베이터에는 여러 광고가 송출되었는데 그중 난임병원 광고도 있었다. 그때는 먼 이야기라고 생각해 주의 깊게 보지 않았다.

'설마 내가 저기 가는 일이 있겠어?'

그런데 임신 준비를 시작하면서 나도 난임센터를 다니게 되었다. '난임'이라는 단어가 주는 막연한 두려움이 있었다. 정말 아기를 가질 수 없는 벼랑 끝의 부모들이 찾는 곳이라고만 생각했기에 나에 대한 실망감과 좌절감도 있었다. 하지만 막상 가본 난임센터의 실상은 그렇지 않았다. 꼭 시험관 시술이 아니더라도 나처럼 생리주기를 정확히 알 수 없는 '다낭성 증후군'이 있는 사람도 도움을 받을 수 있는 곳이었다.

20대에 나는 철이 없게도 '다낭성 증후군'이 오히려 좋았다. 매달 해야 하는 아프고 불편한 생리를 가끔 건너뛸 때마다 이번 달은 공짜로 넘어간 것 같아 기쁘기까지 했다. 하지만 30대가 되어 임신을 준비하려니 나의 가임기를 계산할 수가 없게 된 것이다. 처음 한두 달은 그럴 수도 있다고 생각하며 견뎠다. 그런데 4개월쯤 지나자, 조바심이 나기 시작했다. 호르몬과 대화라도 할 수 있다면 '이번 달은 확실하게 할 건지?', '혹시 안 한다면 다음 달에 언제쯤 할 생각이 있는지?' 물어보고 싶은 심정이었다. 결국 남편과의 상의 끝에 지역의 산부인과에 있는 난임센터를 찾았다.

  센터에 들어서자 꽤 많은 사람이 있었다. 나처럼 임신에 어려움을 겪는 사람들이 생각보다 많구나 싶어 위안을 얻었다. 의사 선생님은 여러 검사와 상담 이후 배란을 촉진하는 약과 주사를 처방해 주었다. 약은 쉽게 먹을 수 있었지만 주사 공포증이 있는 나에게 스스로 배에 놓아야 하는 배란 주사는 공포 그 자체였다. 처음 간호사 선생님께 방법을 배우던 날 나는 벌벌 떨며 내 배에 주사를 놓고 식은땀을 엄청나게 흘렸다. 긴장이 풀리고는 어지러움이 몰려와 잠시 병원에 누워있어야 할 정도였다. 도저히 이걸 매일 내가 할 수는 없을 것 같았다. 결국 남편이 내 전담 간호사가 되어 아침마다, 주사를 놓아주었다. 매일 주사를 맞다 보니 이건 오래 할 게 못 되겠다는 생각이 들었다. 빨리 임신이 되었으면 싶었다. 그렇게 한 달이 지나고 두 달이 지났다. 병원의 도움에도 임신이 되지 않자 정말 다음 단계인 시험관까지 생각해 보게 되었다. 의사 선생님은 시간을 단축하려면 그 방법도 나쁘지 않다고 말했다. 한국인은 삼세판이라고, 다음 달까지 임신이 되지 않으면 진지하게 남편과 얘기해 봐야지 마음을 먹었다.

길을 가면 아기들이 눈에 띄었다. 예쁘다가도 나는 왜 쉽지 않을까? 속이 상하기도 했다. 점점 임신이 하나의 숙제가 되어 버린 듯한 느낌에 내가 임신을 정말로 원하는지, 의구심도 들었다. 엄마가 되는 게 쉬운 일이 아니었다. 그렇게, 거의 반 포기 상태로 지내고 있을 무렵 회사에 친한 동료들과 1박 2일 여행을 가기로 했다. 오래간만에 기분 전환이라 꽤 설레었다. 임신 준비로 참아왔던 술도 오랜만에 실컷 마셔야지 마음먹었다. 그래도 혹시나 하는 마음에 테스트기를 했는데, 맙소사 두 줄이었다. 심장이 쿵쾅거리고 손이 떨렸다. 항상 한 줄만 보다가 두 줄인 테스트기를 보니 믿어지지 않았다. 테스트기가 잘못된 건 아닌가 싶어 새로 하나를 더 해보았다. 여전히 선명한 두 줄이었다. 바로 남편에게 전화를 걸었다.

"나 임신했어." 이 말을 뱉는데 나도 모르게 눈물이 왈칵 쏟아졌다. 수화기 너머 남편도 믿을 수 없는지 몇 번을 되물었다. 내가 상상했던 모습만큼 예쁘고 로맨틱한 순간은 아니었지만, 충분히 감격스러웠다. 잠옷 바람에 눈곱도 못 뗀 채 눈물을 흘리고 있는 거울 속에 나를 보자니 헛웃음도 났지만, 너무 행복했다. 이제 나도 드디어 엄마가 된다니!

이번이 아니면 진지하게 시험관 시술도 고민하던 때였기에 정말 때맞춰 온 복덩이였다. 그래서 태명도 때복이로 지었다. 타이밍 하나는 기가 막히게 맞춰서 와준 아기가 정말 고맙다. 열 달 동안 건강하게 품어서 만나야겠다고 다짐했다.

임신 20주를 막 지나가는 현재의 나는 여전히 엄마가 되는 것은 쉬운 일이 아니라는 것을 몸소 체험하고 있다. 끝날 듯 끝나지 않는 입덧과 매일 사투를 벌이고 있으며 점점 불러오는 배가 꽤 무겁다고 느껴지기 시작했다. 임신하니 엄마의 마음을 더 잘 이해하게 되었다. 나 역시도 이런 사랑을 받으며 태어나서 자랐다고 생각하니 부모님께 더 잘해야겠다, 마음먹게 된다.

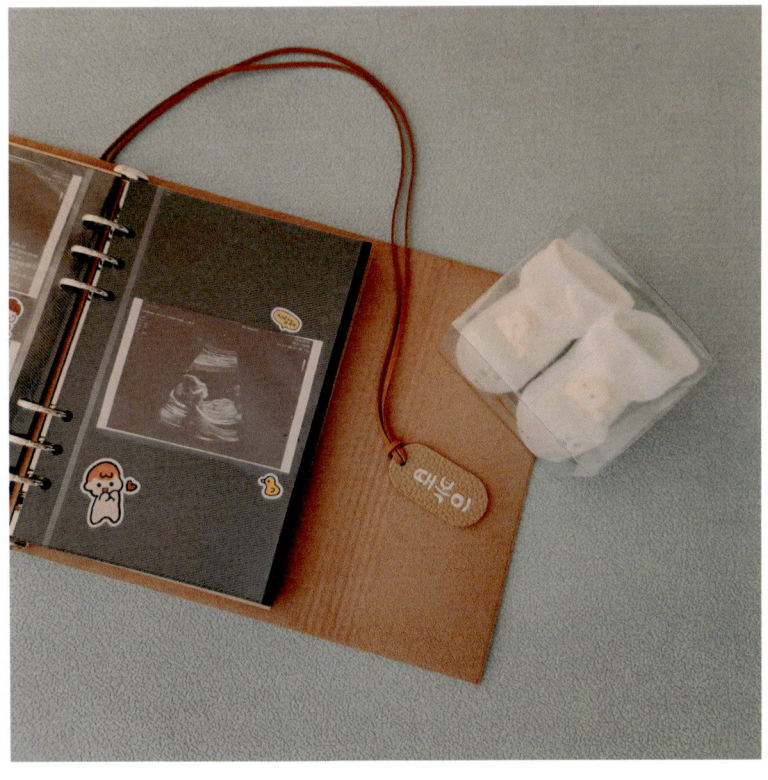

늑대의 유혹

딸이 열두 살이 된 기념으로 둘이 영화를 보러 갔다. 강동원이 나오는 늑대의 유혹이었다. 강동원 하면 떠오르는 바로 그 장면. 비 오는 날 우산 속으로 뛰어든 남자 주인공이 우산 사이로 꽃처럼 웃으면서 나타나는 그 장면. 강동원의 얼굴을 보는 순간 딸과 나, 그리고 극장에 있던 모든 여자가 다 같이 "와." 하면서 손뼉을 쳤다. 정말 나도 모르게 소리가 나오고 손뼉을 치고 있었다. 물론 갓 열두 살 된 딸도 입을 다물지 못한 채 손뼉을 치고 있었다. 영화를 보던 모두가 같은 마음이라는 걸 알게 된 우리는 단체로 웃었다.

집으로 오던 택시 안에서 나는 딸에게 말했다. 강동원 같은 남자랑 결혼해야 한다고 힘을 주며 말했고 딸아이는 당연하다고 대답했다. 그런 아이가 동원이가 아닌 성원이랑 결혼하겠단다. 오래 알고 지낸 남자 친구였기에 우리 부부는 고민하지 않고 허락했다. 결혼은 외모보다는 마음이 더 중요하기에 착하고 듬직한 성원이가 맘에 들었기 때문이다. 그리고 야구 선수 출신에다 잘 생기기까지 하니 더 바랄 게 없었다. 그렇게 딸과 예비 사위 둘이 결혼 준비를 하게 되었다.

결혼식을 코앞에 둔 어느 날, 딸의 표정이 어두웠다. 무슨 일인지 물어보니 싸웠다는 것이다. 결혼 준비하면서 싸울 수도 있다고 생각하고 대수롭지 않게 여겼다. 울면서 얘기하던 딸이 갑자기 결혼하지 않겠단다. 쉽게 풀리지 않을 것 같았다. 딸 이야기만 듣고 판단할 수 없기에 예비 사위한테 집에 올 수 있는지를 물어봤다. 집에 온 성원이 표정도 어둡긴 마찬가지였다. 우리는 밥을 먹고 술 한잔을 하면서 이야기를 나누었다. 우리 부부는 결혼 경험자로서 서로 상황에 대해 들어주고 이해할 수 있도록 조언도 해주었다. 그리고 딸아이와 예비 사위에게 부탁의 말도 했다. 둘은 고맙게도 우리 부부의 말을 잘 들어주었다. 어두웠던 분위기가 밝아지면서 우리 넷은 웃으면서 술을 마셨다. 그 순간 갑자기 예전에 남편과 내가 싸웠던 일이 생각났다.

남편과 싸운 이유는 생각나지 않았지만, 그때 친정으로 갈 수 없었던 상황은 또렷이 기억났다. 남편이 맏이라서 시댁에서 살아야 하는 것 때문에 어머니가 결혼 반대했다. 그런 어머니에게 내 인생이라고 고집부려 겨우 결혼 승낙을 받았다. 살다 보니 싸우는 날도 있었다. 싸우고 나면 늘 남편이 자동차 키를 들고 밖으로 나갔다. 그러면 나는 남편이 돌아올 때까지 걱정했다. 그날은 그런 걱정하는 것도 싫어서 남편이 나가기 전에 내가 먼저 차 키를 들고 나와버렸다. 차를 몰고 친정으로 갔다. 친정 동네 가까이 갈 때쯤, 어머니를 볼 자신이 없었다. 반대한 결혼 하고 싸우고 가면 좋은 소리 못 들을 것만 같았다. 그래서 길가 식당 앞에 차를 세워놓고 한참을 울었다.

그때 그 마음이 불현듯 떠올랐다, 혹시 딸도 그럴까 봐, 걱정되었다. 또 예비 사위에게 우리는 만만한 사람 아니란 걸 알려주고 싶었다. 그래서 한마디 했다. "만약에 결혼해서도 싸우게 되면 난 무조건 내 딸 편이네. 내 딸로 인해 만난 인연이기에 내 딸에게 어떤 일이 생기면 난 무조건 내 딸을 보호할 것이네." 순간 성원이는 굳어버리고 딸은 웃었다. 바로 그때 남편이 말했다. "난 무조건 자네 편이네. 난 장남으로 살아봤기에 누구보다 장남 입장을 이해하네. 그리고 나도 남자라서 자네의 어려움을 잘 아네." 이번에는 딸 입이 삐죽 나오고 성원이가 남편에게 술을 따라 주었다. 결국 우리 부부는 서로 성별이 같은 사람끼리 편들어주기로 하고 술자리를 마무리했다.

그때 그래서일까? 사위는 장모인 나를 조금은 어려워하는 것 같다. 그리고 잘하려고 애쓰는 게 보인다. 그게 안쓰럽기도 하고 고맙다. 막상 살다 보니 난 딸보다는 사위 편을 들 때가 많다. 우리 집에 와서 사위가 크고 작은 불만을 이야기하면 나는 딸보다는 사위 편을 들어준다. 어느 순간 사위는 우리 집에 오면 좋은 일이 생기게 된다고 말한다. 나는 객관적이고 합리적인 사람이다. 그런 내가 들었을 때 사위 말이 맞기에 편을 들 수밖에 없다. 가만히 생각해 보면 딸아이가 강동원은 아니지만, 늑대와 결혼한 게 맞는 것 같다. 듬직하고 믿음직스러운 늑대가 유혹하니 넘어갈 수밖에. 제 식구 사랑하고 잘 챙기는 사위가 난 늑대라도 좋다.

곰탕

국물이 뽀얗다. 오랜 시간 우려내는 중이다. 간간이 불을 약하게 하고는 기름을 걷어낸다. 이번엔 양이 많아 두 솥에 나누어 끓이고 있다. 처음엔 딸을 위해 우족만 사려고 했다. 막상 뼈를 보니 어깨와 목이 아파서 물리치료를 받는 아들이 생각났다. 이왕 하는 김에 많이 해서 아들딸 모두 먹이고 싶었다. 집에 도착하니 두 손이 부들거렸다. 손을 달랠 틈도 없이 바로 큰 통에 뼈를 담았다. 딸아이가 임신했다는 소식을 듣자마자 곰탕이 생각났다. 예전에 어머니가 해준 것처럼 나도 그렇게 해주고 싶었다.

딸아이를 가졌을 때 나는 입덧이 심했다. 시댁에서 살던 나는 결혼하자마자 아이를 가졌다. 시댁이라는 새로운 곳에 적응하기도 전에 아이를 가진 것이다. 새로 만난 식구도 낯설고 집도 낯설었다. 익숙하지 않은 곳에서 지내는 내가 문득 이방인처럼 느껴졌다. 그래서일까. 입덧은 나날이 더 심해졌다. 갑자기 모든 것에서 비릿한 냄새가 났다. 수돗물에서도 물비린내가 나고 설거지한 그릇에서도 냄새가 났다. 비린내를 맡고 나면 바로 구역질과 구토를 했다. 어떤 날은 눈 뜨면 바로 시작하여 잠들 때까지 그랬다. 그 와중에 나를 더 힘들게 한 것은, 음식물을 올릴 때마다 코로 들어간다는 것이다. 들어간 이물질을 빼내는 일은 정말 싫었다. 온갖 방법을 동원해서 힘들게 빼내고 나면 또 구역질이 났다. 뫼비우스띠처럼 계속 반복되었다. 지금 생각해도 아찔하다. 떠올리는 것만으로도 코끝이 시큼하고 따갑다.

그런데 밖에서 먹는 음식은 괜찮았다. 시댁이 아닌 식당이나 엄마가 해주는 음식은 잘 먹고 구역질도 나오질 않았다. 문제는 끼니때마다 식당에 갈 수가 없다는 것이다. 다행히 큰언니 집이 옆 동네라서 출근하다시피 들락거렸다. 언니가 해주는 음식은 다 맛있었다. 어릴 때부터 먹던 익숙한 맛이고 속도 편했다. 언니 집에만 가면 입덧 걱정 없이 밥을 배부르게 먹을 수 있어 좋았다. 맛있게 밥을 먹을 수 있는 언니 집이 시댁보다 마음이 편했다.

그런 나와는 달리 어머니는 편치가 않았나 보다. 사돈집에서 밥을 얻어먹는 며느리가 마음 쓰였는지 퇴근할 때마다 손에 뭔가를 들고 왔다. 식당에서 주방장을 할 정도로 음식솜씨가 좋은 어머니는 늦은 밤, 집에 오면 나를 위해 또 음식을 만들곤 했다. 속이 편안해진다는 안동식혜까지 해줬지만, 소용이 없었다. 애쓰는 어머니께 죄송해서 더 불편해졌다. 특히 붉은 색깔의 안동식혜는 입맛에 맞지 않았다. 포항이 고향인 나는 안동식혜가 있는지도 몰랐다, 배와 생강이 들어가서 새콤달콤한 안동식혜가 내 눈에는 생선과 무가 들어간 밥식혜로 보였다. 그것도 물에 말아놓은 이상한 밥식혜로 보여 먹을 수가 없었다. 보기만 해도 생선비린내가 나는 것 같았다. 안동식혜를 보고 머뭇거리는 내게 어머니는 마셔보라고 했다. 코를 막고 억지로 마셔보았다. 그다음에 일어난 일은 말하고 싶지 않다. 그 후

유증으로 지금도 안동식혜는 먹지를 못한다. 아마 나였다면 서운해서라도 음식을 더는 하지 않을 것 같은데 어머니는 그렇지 않았다.

하루는 양손에 큰 장바구니를 들고 어머니가 대문을 들어섰다. 방으로 들어오지도 않고 부엌에서 뭔가를 하고 있었다. 내가 부엌문을 열려고 하자 다급한 어머니의 목소리가 바람처럼 날아왔다. 부엌에는 얼씬도 하지 말라는 말이 나를 방으로 밀어냈다. 또 나를 위해 음식을 하는 것 같아 방에 있어도 마음이 편치가 않았다. 아침이 되자 어머니는 밤새워 끓인 것을 먹어보라고 했다. 국물이 뽀얀 곰탕이었다. 잠도 설치면서 끓여준 음식이라는 것을 알기에 어머니 앞에서 민망한 모습을 보여줄까 봐 걱정되었다. 긴장하면서 국물을 입에 댔다. 심심한 것 같아 소금을 조금 더 넣고 한술 더 떠먹었다. 뜨거운 국물과 함께 따뜻한 기운이 미끄럼을 타듯 아래로 내려갔다. 속이 따뜻해지면서 편안했다. 신기하게 입덧도 하지 않았다.

한 그릇을 다 비우고 나서 어머니 얼굴을 볼 수 있었다. 환하게 웃고 있는 어머니의 얼굴엔 땀이 송골송골 맺혀있었다. 며느리를 위해 졸음을 털어내며 곰탕을 끓인 어머니, 아침이 되자마자 다시 곰탕을 끓였을 어머니의 모습이 상상되었다. 그렇게 끓여준 곰탕은 삼시 세끼 먹어도 맛있었다. 맑은 국물 덕분에 입덧도 사라지고 마음도 편해졌다. 곰탕을 다 먹을 때쯤 되자 시댁 식구들도 편해지고 집도 익숙해졌다.

우족이 들어간 곰탕 덕분인지 딸아이 다리가 코끼리 다리처럼 튼튼해서 보는 사람마다 한마디씩 했다. 임신했을 때 뭘 먹었냐고. 우족을 넣은 곰탕을 먹었다고 했다. 그 말을 듣고 임신했을 때 곰탕을 먹은 친구들이 있었다. 신기하게도 그렇게 먹고 낳은 아이들이 하나같이 코끼리 다리라서 말한 나도 따라 한 친구도 깜짝 놀랐다.

  곰탕을 먹고 낳은 딸이 지금 아이를 가진 것이다. 딸도 나처럼 입덧이 심할 수가 있기에 마음이 바빠진다. 울렁거리는 속을 달래줄 따듯한 곰탕을 빨리 끓여서 갖다주고 싶다. 딸을 위해 곰탕을 끓여보니 어머니의 마음을 알 것 같다. 딸도 아닌 며느리를 위해 밤낮으로 끓인 어머니의 마음을. 그때 어머니가 우려낸 것은 곰탕이 아닌 사랑이었다는 것을.

익숙함에 속아 소중함을 잊지 말자

 '익숙함에 속아 소중함을 잊지 말자'라는 말이 있다. 주로 사랑하는 사람과의 관계나 인간관계에 비유되는 말이다. 하지만 나에게 이 말은 '신체'에도 해당하는 말이다.
 하루는 눈을 떴는데 오른쪽 귀에서 이상한 소리가 들렸다. '윙윙' 거리는 환풍기 소리 같기도 하고 미세한 진동 소리 같기도 한 것이 반복될수록 머리까지 띵한 이명 증상이었다. 임신하고 난 뒤 '이관개방증'과 같이 내 목소리가 크게 들린 적이 몇 번 있었기에 이번 증상도 단순히 임신 때문이라고 생각했다. 보통 이런 것은 잠시 누워 쉬면 괜찮아졌다. 그런데 하루가 지나도 증상이 전혀 나아지지 않았다. 오히려 오른쪽 귀로 듣는 소리는 작고 기분 나쁜 기계음처럼 들리기까지 했다. 합창단에 출근해 노래하는데도 소리가 전처럼 들리지 않고 내 목소리도 잘 들리지 않았다. 그러니 노래하는 게 여간 불편한 것이 아니었다. 다음날이 되어도 증상이 계속되자 불안한 마음에 휴대폰을 열어 이것저것 검색해 보았다. 그중 '돌발성 난청, 골든타임을 놓치면 회복 어려움.'이라는 글이 눈에 들어왔다. 천천히 글을 읽어보니 증상이 나와 꽤 비슷했다. 그렇다면 내겐 골든타임이 얼마 남지 않았다는 말이 된다. 황급히 동네 이비인후과를 찾았다. 조급한 마음과 달리 코로나의 재유행 때문인지 병원은 말 그대로 환자들로 미어터질 지경이었다. 초조한 마음으로 진료 순서를 기다렸다.

생각해 보면 귀는 정말 중요하고 소중한 신체 부위다. 어느 신체가 안 그렇겠냐마는 노래와 작사를 하는 나에게 귀는 말 그대로 밥벌이 수단이다. 그런 귀의 노고를 내가 너무 신경 써 주지 않아서 지금 이렇게 파업 시위하는 것인가 생각이 들었다. 학생 때부터 성악을 전공했던 나는 목을 끔찍하게도 아꼈다. 조금이라도 목이 따갑거나 목소리가 이상하다 싶으면 눈 뜨자마자 이비인후과로 달려갔다. 누가 보면 엄살이라고 할지라도 내 목, 성대를 지키는 것이 너무 중요했다. 평소에도 목에 좋다는 영양제며 음식들을 챙겨 먹는 것을 소홀히 하지 않았다. 그래서 목은 언제나 사랑을 독차지하는 신체였다. 그런데 작사까지 하며 돈을 벌게 된 지금으로서는 목보다 중요한 것이 귀가 아닐까. 들리지 않으면 노래할 수도 없고 가사를 쓸 수도 없으니 말이다.

귀는 늘 건강한 것에 익숙해서 나는 소중함을 놓치고 있었는지도 모른다. 최근 들어 작사 작업량이 늘면서 온종일 이어폰을 귀에 꽂고 살았다. 이어폰이 귀에 강한 자극을 준다는 것을 알지만 작업을 하려면 어쩔 수 없는 일이었다. 한 번도 귀가 아파 병원을 가본 적이 없던 나로서는 이렇게 일하는 게 귀를 상하게 하는 것이라고 생각조차 하지 않았다. 생각할수록 미안해졌다. 귀의 희생을 너무 당연하게 생각했던 시간이 이렇게도 많았다니, 귀가 서운할 법도 했다.

생각이 꼬리에 꼬리를 물고 가던 찰나, 진료실 앞에서 내 이름이 호명되었다. 청력검사 결과 예상대로 '저음역대 돌발성 난청'이 맞았다. 다행인 것은 상태가 심하지 않다는 것이었고, 문제는 내가 현재 임신 중이라는 사실이었다. 보통 돌발성 난청은 고용량의 스테로이드를 복용하면서 치료하는 것이 원칙인데 임산부인 나는 약 복용이 힘들기 때문이다. 혹시나 하는 마음에 담당 산부인과 선생님께 연락드려 물어보았지만 약물 복용은 불가하다는 답변이 왔다. 하는 수 없이 고막에 직접 소량의 스테로이드를 주사하는 방법을 사용하기로 했다. 상태가 심하지 않으니 고막 주사를 꾸준히 맞으면 차도가 있을 것이라고 했다. 주사 공포증이 있는 나지만 청력이 회복되지 않으면 직업에 직격타를 맞는다는 사실이 더 공포였다.

떨리는 마음으로 주사를 맞았다. 귀를 타고 목으로 흘러들어오는 약물의 맛이 씁쓸했다. 의사 선생님은 절대로 삼키면 안 된다고 신신당부했다. 쓴맛을 입안 가득 머금은 채 있었다. 익숙함에 속아 소중함을 잊은 자만이 느낄 수 있는 인생의 씁쓸한 맛이었다.

백년손님

'백년손님'이라는 단어를 사전에서 찾아봤다. 한평생을 두고 늘 어려운 손님으로 맞이한다는 뜻으로 '사위'를 이르는 말이란다. 어쩜 내 마음을 이렇게 잘 표현했을까. 사위는 백년손님이 맞다. 세상에서 하나뿐인 귀한 손님이다.

사위가 온다고 하면 집 청소부터 해야 한다. 평소에 청소를 열심히 하는 편이 아니라서 사위 오기 전에 대청소는 안 할 수가 없다. 요리보다 청소를 더 어려워하는 나는 새로운 걸 만드는 것보다 있는 것 치우는 게 더 힘들다. 한마디로 정리 정돈이 안 되는 사람이다. 내가 정리 정돈이 안 되는 데는 어쩔 수 없는 사정이 있다.

내 취미 중 하나는 책으로 탑 쌓기다. 책 탑은 거실, 식탁, 안방 등 어디에서나 흔하게 볼 수 있다. 세 개의 독서 모임을 하는 바람에 늘 읽어야 할 책이 거실과 식탁에 있다. 모든 책을 다 살 수는 없어 도서관에서 자주 빌린다. 돌려주어야 할 도서관 책은 눈에 잘 띄는 곳에 둘 수밖에 없다. 그래서 거실 탁자와 식탁에는 늘 책과 독서대, 그리고 노트북이 마치 3종 세트처럼 함께 있다. 이 외에도 다른 이유가 있다.

물건들이 아무렇게나 있는 모습이 눈에 거슬리지 않는다. 그냥 무심히 막 있는 모습이 난 편하게 느껴진다. 집은 물건이든 사람이든 자유롭고 편하게 있는 게 좋다고 생각한다. 이런 성격 덕분에 책을 읽을 수가 있었다. 집을 깨끗하게 유지하는 게 먼저였다면 나는 독서와 독서 모임을 할 수 없었을 것이다. 더더욱 글을 쓰는 시간은 가지지도 못했을 것이다. 내가 하는 일이 책을 읽고 글을 쓰고 그림책 놀이를 하는 거라서 늘 주변에 잡다한 것이 있다.

문제는 백년손님에게 이런 모습을 보여주기가 민망하다는 것이다. 사위는 내 생활방식에 익숙한 편이 아니기에 어수선한 분위기가 어색할 수도 있다. 그래서 신경이 쓰인다. 사위가 온다고 하면 그때부터 바빠진다. 청소해도 크게 달라지는 것은 없다. 있는 물건 버리지 않는 한 먼지만 치우는 정도이다. 여전히 어수선하다. 아주 조금 정돈된 느낌 정도라고 할까.

그래도 마음은 개운하다. 사위 덕분에 십 년 묵은 때를 벗긴 개운함을 즐길 수가 있다. 그런 마음이 되어야 비로소 손님 대접할 음식을 할 수가 있다. 청소하고 음식을 하다 보면 어머니 생각이 난다. 백년손님이 다섯 명이나 된 어머니는 어떤 마음이었을까. 나와는 다르게 정말 부지런한 분이었다. 걸레가 우리 집 행주보다 더 희고 깨끗했다. 주방에 있는 모든 물건이 광이 날 정도였다. 집에 먼지 하나 없었다. 농사일로 늘 바빴던 어머니가 어떻게 집안일도 잘할 수 있었는지 신기하다. 나는 어머니를 닮지 않았나 보다. 바지런하지 못한 내게 백년손님이 한 명이라서 그나마 다행이다.

나는 사위가 있는 게 좋다. 한평생을 두고 늘 어려운 손님으로 맞이해야 할지라도 없는 것보다는 있는 게 더 좋다. 만약에 사위가 없다면 나이 들수록 정리 정돈을 더 못하는 사람이 될 것이다. 이제는 부모님도 다 돌아가시고 어려운 사람이 없는 상황이다. 그런 나를 유일하게 긴장시키는 사람이 백년손님이다. 사위 덕분에 며느리 같은 장모가 되어 기분 좋은 긴장감으로 젊게 사는 중이다. 장모가 되어 느끼는 긴장감은 긍정적 반응이다. 반가운 사람 기다리면서 느끼는 기운이라서 생동감을 주기 때문이다. 인생에 생동감을 주는 백년손님 한 명 정도는 있어야 살맛 나지.

성모 경당에서

 소나무가 멋진 솔뫼성지를 좋아한다. 소나무는 하나같이 휘고 뒤틀리고 구부려져 있다. 곧게 뻗은 나무가 아닌 위로 자랄수록 휘어진 나무끼리 서로 의지하며 서 있는 모습이 인상적이다. 그런 소나무들도 오후가 되면 하루의 고단함을 내려놓고 잔디밭에 사뿐히 눕는다. 소나무의 그림자가 누운 잔디밭은 마치 한 폭의 수묵화 같다. 그 모습을 보고 있으면 나도 덩달아 그 옆에 눕고 싶어진다. 그 마음이 나를 성모 경당으로 데려간다.

 소나무 사이에 있는 성모 경당은 내가 가장 좋아하는 곳이다. 나도 그림자처럼 성모 경당 안에서 고단함을 내려놓는다. 작고 낮은 그곳에 들어가면 마치 어머니의 자궁 안에 들어온 느낌이 든다. 세상에 나오기 전 어머니 품에 있던 태아 때로 돌아간 착각에 빠진다. 가만히 눈을 감으면 어머니가 안전하다고 걱정하지 말고 쉬어가라고 하는 것 같아 마음이 편안해진다. 오늘도 나는 마음에 잔뜩 들어간 힘을 빼고 쉬는 중이다.

 순간 때복이가 생각났다. 때복이는 딸이 품고 있는 손주의 태명이다. 다음 달이면 때복이를 만날 수 있다. 이제 나도 할머니가 되는 것이다. 며칠 전에 딸이 초음파 사진을 보여주었다. 잘 자라고 있는 때복이의 모습이 귀엽고 기특했다. 사진을 볼수록 보고 싶은 마음도 커졌다. 할머니가 되면 부모라는 책임감이 없기에 마냥 귀엽기만 하다는 말이 무슨 의미인지 알 것 같았다.

손주에게 성모 경당 같은 할머니가 되고 싶다. 태아 때처럼 움츠리고 싶을 때 마음껏 움츠릴 수 있는 안전한 품을 내주고 싶다. 작고 아늑한 곳 너무 작아서 저절로 움츠릴 수밖에 없는 곳 그 움츠림이 편안한 곳, 시간이 지나면 저절로 팔을 펴고 싶어지고 다리도 움직이고 싶은 마음이 생기게 해주는 할머니. 그리고 태아 때처럼 물구나무를 서도 괜찮다고 응원해 주는 엉뚱한 할머니가 되고 싶다.

아마 딸과 사위는 부모이기에 아이에게 가슴을 펴라고 할 것이고 팔다리에 힘을 주라고 할 것이다. 그리고 세상을 똑바로 서서 보라고 하겠지. 부모니깐. 때복이를 위해 세상에서 좋은 것은 다 주고 싶을 것이고 많은 것을 알려주려고 애쓸 것이다. 그리고 좋은 부모가 되려고 아니, 아이를 잘 키우기 위해 밤낮으로 고생할 게 훤하다. 자식을 사랑하는 마음과 책임감이 장수의 갑옷처럼 단단해져서 딸과 사위의 마음에 잔뜩 힘이 들어갈 것이다. 그런 마음이 가끔은 때복이를 힘들게 하지 않을까. 그럴 때마다 편하게 쉴 수 있는 할머니가 있으면 좋을 것 같다. 때복이뿐만 아니라 딸과 사위도 가끔 쉬고 간다면 더 바랄 게 없다.

경당 의자에 가만히 누워본다. 때복이처럼 몸을 움츠려본다. 편안하다. 평소에도 움츠리고 자는 버릇이 있다. 어쩌면 태아 때를 기억하는 무의식이 잠잘 때 몸을 움츠리게 해서 쉬게 하는지도 모른다. 그래서 내 뒤통수가 짱구인가. 뒷머리를 만지면서 몸을 일으킨다. 옆에 앉은 남편에게 때복이 이야기하니 한마디 한다.

"나는 버르장머리 없는 아이로 키울 겁니다."

헉, 우리 부부는 딸네 부부와 안 싸우면 다행이다.

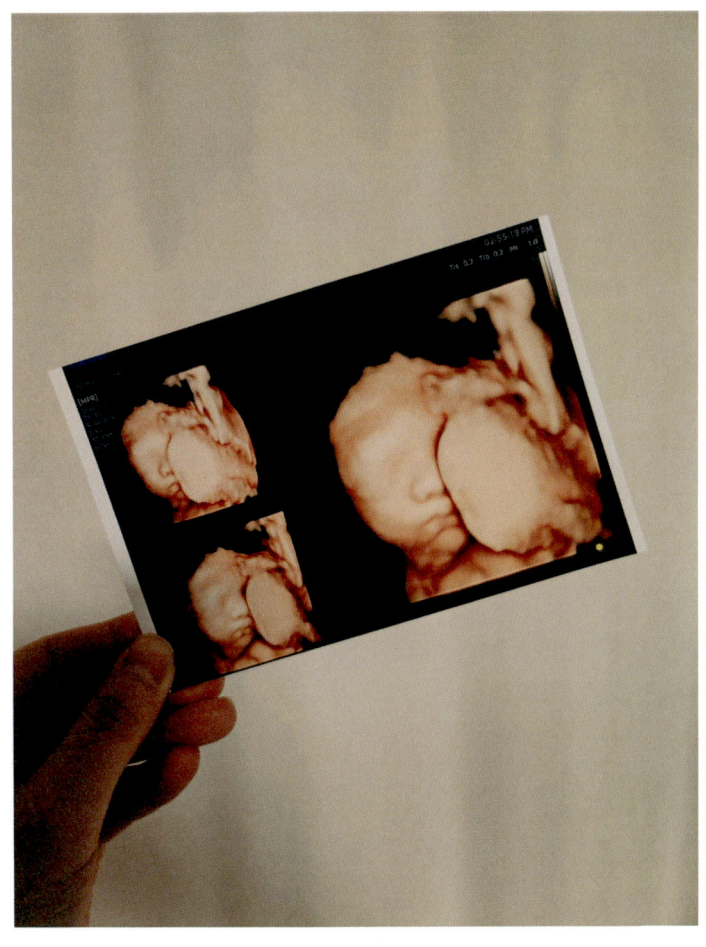

3년째 초보운전

운전면허증을 딴 순간부터 내 차가 갖고 싶었다. 하지만 서울에서는 크게 필요성을 느끼지 못하였다. 잘 정비된 지하철과 버스 덕분에 어디든 마음만 먹으면 갈 수 있었기 때문이다. 더군다나 "오늘 주차하기가 너무 어려워 차를 길에 버려두고 오고 싶었다."라고 하소연하는 언니들을 볼 때마다 서울에서 자차는 오히려 짐이라는 생각까지 했다. 그렇게 내 운전면허는 소위 말하는 장롱면허가 되었다.

그런데 결혼하고 지방인 순천으로 내려오게 되자 생각이 달라졌다. 지하철은 당연히 없을뿐더러 버스는 귀했다. 15분 이상 기다려야 하는 것은 물론 내가 가고자 하는 곳은 10분 거리인데 이곳저곳 들렀다 가니 30분은 족히 걸렸다. 비효율의 끝판왕이었다. 그러니 어디를 가고 싶으면 항상 남편이 태워다 주길 기다려야 하거나 택시비를 내며 다녀야 했다. 돈은 돈대로 아깝고 남편과 스케줄이 맞지 않으면 약속을 취소하거나 미뤄야 하는 상황이 싫었다. 외로운 타지살이에 내 맘대로 움직일 수도 없다고 생각하니 숨이 턱 막혀왔다. 그래서 내 차를 사야겠다, 결심했다.

하지만 당시 지갑 사정은 여의찮았다. 결혼 준비로 모아두었던 돈을 거의 쓴 데다 직장을 그만둔 상태라 벌이도 없었다. 계산기를 두드리기 시작했다. 그래도 잘만 하면 중고 경차 한 대는 살 수 있을 것 같았다. 그런 계획을 호기롭게 남편에게 알려주었다. 그런데 기대와는 달리 남편의 반응은 시큰둥했다. 당장 차를 타고 출근해야 하는 것도 아닌데 굳이 지금 무리하게 서두를 필요가 있냐는 것이다. 더욱이 차는 사는 것이 다가 아니라 유지비며 기름값이며 계속 돈이 들어갈 텐데 그것에 대한 계획은 준비가 되었냐고 되물었다. 남편의 말도 일리가 있었다. 내가 마치 철없는 어린애가 된 기분이었다.

    타지 생활에 우울감이 가득한 때에 남편의 실망스러운 반응은 나를 더 서운하게 했다. 내 마음을 몰라주는 것 같았기 때문이다. 자동차 이야기로 남편과 얼마나 자주 말다툼했는지 모른다. 그래도 별 진전이 없자 나는 계획을 바꿔 협상과 조르기 시작했다. 특히나 남편은 중고차에 대한 경험이 없어 거부감이 있는 듯했다. 돈을 더 모은 뒤 새 차를 사는 것을 권했기에 나는 돈을 빌려준다면 새 차를 사고 성악 수업을 좀 더 늘려서 갚아 나가겠다고 했다. 긴긴 설득의 날들이 계속되었고 결국 남편은 내 말에 넘어와 주었다. 설득 내내 차가 생기면 일거리가 많이 들어올 것이라고 호언장담했던 말이 사실이 되길 바라면서 기쁘게 첫 차를 구매했다.

    그렇게 내 첫 차가 생겼다. 차가 다칠세라 여기저기에 보호 시트를 사서 붙이고 매일 같이 닦아주었다. 차를 가지니 만능 다리가 하나 더 생긴 듯한 기분이었다. 마음만 먹으면 원하는 곳을 어디든 갈 수 있다는 생각에 짜릿했다. 주차장에 세워놓고 보기만 해도 웃음이 나왔다.

    하지만 새로 생긴 다리는 쉽게 내 말을 들어주지 않았다. 장롱면허가 실전 면허로 되기까지는 많은 연습이 필요했다. 여기저기 부딪히고 긁히고 차는 그야말로 수난 시대였다. 그래도 다행히 경험이 쌓일수록 운전 실력은 조금씩 나아지고 있지만 늘 초행길은 긴장의 연속이었다. 특히 고속도로를 탈 때면 더욱 정신을 바짝 차리게 된다. 이제 운전에 자신감이 붙었으니 초보운전 스티커를 떼야지, 생각하는 순간에는 꼭 사고가 난다. 지난번에는 비좁은 지하 주차장을 나오다 오른쪽 문짝 두 개를 완전히 박살 내 버렸다. 그 뒤로 나는 초보운전 스티커를 떼지 못한다. 차를 사자마자 붙여 두었던 스티커를 3년째 못 떼고 있을 줄은 생각도 못 했지만 말이다. 그 스티커를 마치 나를 지켜주는 부적이라 생각하고 여전히 초보운전의 마음으로 다닌다. 나는 3년째 초보운전이다.

변증법적 흑백논리

 우리 집엔 흑과 백이 있다. 흑색을 가진 레오와 백색인 쿠키가 함께 산다. 레오와 쿠키는 흑백의 차이만큼 서로 다른 점이 많다. 까만 레오는 밤이 되면 활발해지는 야행성 고양이다. 고양이답게 어두운 밤에도 소리 없이 잘 다닌다. 반면 하얀 쿠키는 밝은 낮에 산책하길 좋아하는 강아지이다. 강아지인 쿠키는 움직일 때마다 도장 찍듯 작고 경쾌한 발소리를 낸다.
 레오는 높은 곳에도 잘 올라간다. 중력을 거스르듯 김치냉장고나 건조기 위로 가볍게 점프하는 모습은 거의 예술에 가깝다. 누가 위에서 잡아 올리듯 거침없이 날아오르는 모습을 보면 절로 감탄이 나온다. 그런 레오를 위해 캣타워를 설치했다. 세탁건조기보다 더 높은 캣타워에서 편안하게 누워있는 모습을 보면 마치 나무 위에 있는 표범을 보는 느낌이다. 텔레비전에서 봤던 아프리카 초원의 풍경이 떠오른다. 나무 위에서 편안하게 쉬고 있던 표범의 모습과 레오의 모습이 많이 닮았기 때문이다.
 쿠키는 높은 곳을 무서워한다. 소파 위에라도 한 번 올라가려면 뛰어오를 준비 자세를 표가 나게 하고도 몇 초를 더 뜸을 들이다가 결국 주저앉아버린다. 그런 쿠키를 위해 소파와 침대에 오르내릴 수 있는 계단을 두었다. 내가 소파나 침대에 있을 때 곁에 오고 싶어 하는 쿠키를 위해 둔 것이다. 나이가 들수록 그 계단마저도 거의 사용하지 않는다.

　그래서 둘의 영역은 자연스럽게 정해졌다. 위는 레오 아래는 쿠키 자리가 되었다. 내가 소파에 앉으면 레오는 소파에 올라와서 내 옆에 엎드리고 올라오지 못한 쿠키는 내 발 옆에 엎드린다. 식탁에 앉아서 책을 읽을 때는 레오는 의자에 쿠키는 의자 밑에서 자고 있다. 자기만의 공간에서 쉬는 레오와 쿠키의 모습에서 우리 부부가 보였다.

남편과 나도 다른 점이 많다. 특히 나는 겁이 많다. 놀이공원에 가면 탈 수 있는 게 회전목마뿐이다. 그래서 놀이공원에 가면 자연스럽게 역할이 정해진다. 남편은 아이들과 함께 놀이기구를 타고 나는 짐을 챙기고 사진을 찍는다. 가끔 아이들이 같이 타자고 조를 때가 있다. 분위기 때문에 어쩔 수 없이 탔던 바이킹과 이름도 기억 못 하는 열차가 있었다. 눈을 꼭 감고 입술을 깨문 채 비명조차 지르지 못하고, 놀이기구가 멈출 때까지 죽을힘을 다해 버티었던 기억. 나는 놀이기구뿐만 아니라 공포 영화도 못 보는 겁쟁이다.

그런 나와는 달리 남편은 겁이 없다. 별 보는 게 취미인 남편은 레오처럼 밤에도 혼자 잘 다닌다. 별이 빛나는 밤이면 남편은 혼자 장비를 챙겨 가로등이 없는 어두움 속으로 간다. 별을 보기 위해서는 인공 불빛은 물론 보름달도 뜨면 안 된다. 말 그대로 깜깜한 어둠 속에서 별을 본다. 가끔은 혼자 가는 게 걱정되어 따라갈 때가 있다.

겁이 많은 나는 별 보는 것을 즐길 수가 없다. 어둠 속에서 내 청력은 매우 예민해진다. 주변의 작은 소리에도 깜짝 놀라기 때문에, 남편이 별을 보고 감탄을 해도 나는 보이지 않는 어둠 속에서 눈을 최대한 동그랗게 뜨곤 "응응."할 뿐이다. 겁이 많으면서도 따라가는 것은 혼자 보내고 집에서 걱정하는 것보단 낫기 때문이다. 같이 가서 힘들다 싶으면 나는 차 안에서 쉬면 된다. 나는 차에서 음악을 듣고 남편은 밖에서 천체망원경으로 별을 본다. 레오와 쿠키처럼 우리 부부도 각자의 공간에서 함께 자기만의 시간을 보내곤 한다.

고양이와 강아지를 키우다 보면 재밌는 모습을 볼 때가 있다. 레오와 쿠키의 온도 차이를 보게 된다. 날이 더워지면 아이들이 점점 내 눈에서 사라진다. 내가 식탁에 있으면 의자 위아래로 있던 레오와 쿠키는 여름만 되면 곁에 오지 않는다. 따듯한 곳을 좋아하는 레오는 안방으로 들어가고 시원한 곳을 좋아하는 쿠키는 대리석이 있는 현관 앞에서 잠을 잔다.

털이 많은 강아지 쿠키는 더위에 약하다. 에어컨을 켜줘도 신발장 옆에 있는 대리석에 누워있다. 쿠키가 현관 대리석에 누워있으면 더위가 시작되었다는 걸 알 수 있을 정도이다. 온종일 현관 대리석에서 사는 쿠키를 보면 집 지키는 충견처럼 보인다. 밖에서 들리는 작은 소리에도 반응하기 때문이다. 특히 택배가 오면 바로 알려준다. 짖는 소리에 문을 열어보면 택배 상자가 문 앞에 있다. 여름만 되면 시원한 장소를 찾는 쿠키처럼 남편도 더위에 아주 약하다. 열이 많은 남편은 한겨울에도 집에서 속옷 차림으로 지낸다. 그러니 여름에는 어떻겠는가. 에어컨이 없는 여름은 상상할 수가 없다.

털 많고 열 많은 식구와는 다르게 레오와 나는 추위에 약하다. 에어컨을 켜면 레오는 찬 바람을 피해 안방 침대로 도망간다. 나도 레오처럼 도망가고 싶지만, 식탁에서 시간을 많이 보내기에 어쩔 수 없이 긴 옷을 입고 마스크를 하고 에어컨 바람을 쐰다. 남편이 없을 땐 에어컨을 켰다 끄기를 반복한다. 그러면 전기세가 많이 나온다는 얘기를 듣고 나서는 긴 옷을 입고는 온도를 내렸다가 올리기를 반복한다. 여름에도 감기에 잘 걸리는 저질 체력이라서 어쩔 수가 없다.

차를 타고 장거리 이동할 때도 우리 부부의 온도 차이는 나타난다. 에어컨을 켜고 조금만 지나면 나는 춥다. 추워하는 나를 위해 에어컨을 약하게 하면 남편이 덥다, 차를 타면 운전자가 편해야 하기에 에어컨을 켜고 나는 담요를 덮는다. 서로 다른 사람이 같이 살다 보면 내가 어떤 사람인지 알게 된다. 타인을 통해 내 모습이 더 잘 보일 때가 있다.

가끔은 쿠키한테서 레오가 보인다. 고양이의 특징인 골골송을 강아지인 쿠키가 한다. 내가 쓰다듬어주면 레오는 기분이 좋다며 골골거리면서 소리를 낸다. 그 소리에 나도 기분이 좋아 웃게 된다. 그 모습을 본 쿠키가 어느 날부터 쓰다듬어주면 골골거리면서 콧소리를 내기 시작했다. 그 모습이 웃겨서 내가 웃었더니 지금은 당연하다는 듯이 강아지인 쿠키도 콧노래를 부른다.

반대로 레오한테도 쿠키의 모습이 있다. 레오는 강아지처럼 운다. 야옹거리지 않고 멍멍 짖듯이 "양양."이라고 소리를 낸다. 쿠키 짖는 소리를 아주 작게 줄이면 레오가 내는 소리가 된다. 마치 외국어를 배우듯 두 아이는 서로의 언어를 배워서 내게 표현하고 있다. 레오와 쿠키처럼 우리 부부한테도 그런 모습이 있다.

충동구매를 즐기던 나는 계획적 구매만 하는 남편을 만나 달라진 게 있다. 물건도 첫눈에 반하면 사야 한다고만 생각했던 내가 사기 전에 합리적인가를 따지고 한 번 더 생각하는 사람으로 변했다. 사기 전에 정보수집과 가성비를 따지는 남편 덕분이다. 그렇게 하는 것은 속지 않기 위해서라고 했다. 나는 물건을 사면서 속을 수 있다는 생각을 한 적이 없었다. 필요한가만 생각했다. 그런데 남편은 속지 않고 좋은 물건을 합리적인 가격으로 사야 한다고 생각하는 사람이었다. 결혼하고 나서 나는 사고 후회하고 남편은 못 사서 아쉬워할 때가 많았다. 삼십 년을 같이 살다 보니 이제는 서로를 합리적인 소비자라고 생각하게 되었다.

흑백논리라는 말이 있다. 두 개의 선택지로 나누어 보는 걸 말한다. 신혼 때는 흑백으로 나뉘었던 우리 부부가 어느 순간 흑 안에 흑백이 있고 백 안에도 흑백이 있다고 생각하는 사람이 되었다. 쿠키 모습에 남편과 내가 있고 레오한테도 남편과 내 모습이 있듯이. 쿠키와 레오의 겉모습에도 흑백은 있다. 하얀 쿠키에겐 까만 눈동자와 코가 있고 까만 레오에게는 목과 배에 하얀 털이 있다. 마치 흑백의 조화를 보는 것 같다.

사람이든 동물이든 자세히 보면 새로운 게 보인다. 새로운 걸 보게 되는 순간 흑백논리의 틀은 사라진다. 그렇게 생각이 달라지면 전과는 다른 다양한 흑백의 조화를 볼 수 있다. 흑백이 함께 있어 특별한 쿠키와 레오처럼. 아니 우리 부부처럼

오늘 나는 타임슬립을 했다

요즘 웹툰과 드라마를 보면 타임슬립 이야기가 자주 나온다. 대부분이 과거로 돌아가서 다시 그 시간을 사는 모습을 보여준다. 이야기 속의 주인공은 현재의 의식을 가지고 과거로 돌아가서 만남과 이별 사이에서 행복할 때도 있고 슬플 때도 있다. 그리고 미래를 바꾸려고 애를 쓰는 모습이 대부분이다.

내가 좋아하는 타임슬립 이야기는 '어바웃 타임' 영화이다. 2013년에 개봉한 영국 영화인데 극장에서 한 번 보고 좋아서 집에서 세 번을 더 봤다. 처음은 혼자서 보고 영상미에 반해서 집에서 다시 봤다. 두 번째는 영화 음악에 빠지게 되었다. 혼자 보는 게 아까워서 세 번째는 남편과 같이 봤다. 너무 잔잔한 스토리가 남편한테는 조금 지루한 듯했다. 그런 남편을 보니 나도 집중이 되지 않아 혼자서 한 번 더 보았다.

'어바웃 타임' 영화는 보면 볼수록 주인공 아버지에게 마음이 갔다. 자식의 미래에 영향을 주지 않기 위해서 타임슬립이라는 능력을 가족이 있는 집에서 책 읽는 것에 사용하는 아버지. 책 읽는 것을 좋아하는 내겐 그 생각이 신선하고 멋지게 보였다. 주인공의 아버지처럼 나도 현재의 자식들과 다시 만나기 위해서 과거의 그 어떤 것도 바꾸지 않을 것 같았다. 방에 책을 탑처럼 쌓아놓고 독서를 하는 장면이 이해되었다. 영화를 보고 나서 나도 타임슬립을 하게 된다면 책을 마음껏 읽는 데 능력을 쓰고 싶었다. 책을 읽는 게 타인에겐 영향을 주지 않고 혼자 즐길 수 있는 멋진 일처럼 느껴졌기 때문이다.

시간이 훌쩍 흐른 지금 타임슬립에 대해 다시 생각하게 되었다. 왠지 상상으로는 지금이라도 타임슬립을 할 수 있을 것 같았다. 그래서 상상해 보았다. 지금 사는 오늘이 미래의 내가 다시 돌아온 시간이라면 나는 어떻게 살 것인가? 지금도 책을 읽는데, 시간을 거의 다 쓸 것인가? 생각해 보니 아니라는 답이 나왔다.

하고 싶은 게 더 있다. 글을 매일 쓸 것이고 그림을 매일 그릴 것이고 근력을 키울 것이고 부동산 공부를 할 것이다. 그래서 오늘부터 다시 사는 마음으로 하고 싶은 것을 하기로 했다. 10년 후 후회하지 않고 다시 이 시간으로 돌아가고 싶은 마음이 들지 않게 오늘 당장 하기로 했다. 글을 매일 쓰고 그림을 매일 그리고 근력을 매일 키우다 보면 다작하는 작가는 분명 될 것이다. 이제라도 부동산 공부를 해서 내가 사는 땅에 대해 알고 싶어졌다. 하고 싶은 것을 매일 하다 보면 행운이 타임슬립처럼 찾아올 수도 있지 않을까. 상상만 해도 행복하다.

스위치

나에게는 스위치가 있다. 좀 많다. 처음에는 성악이라는 스위치 하나였다. 중학교 2학년 때쯤이었던 것 같다. 음악 수업의 가창 시험 준비로 가곡 '봄처녀'를 연습해야 했다. 아빠는 노래하는 걸 좋아하고 또 아마추어치고는 꽤 예쁜 미성으로 잘 부르는 편이라 오래전부터 성당 성가대에서 활약하고 있었다. 그래서 시험 준비는 아빠가 도와주었다.

"봄처녀 제 오시네~"
"아니 입을 더 오므리고 배에 힘을 줘야지."
"보옴 처어녀 제에 오시네에~"
"그래그래, 공기를 더 멀리 보낸다 생각하고."
"보오옴 처어어녀 제에에 오시네에에~~"

평소에 친구들이랑 노래방 가기 좋아해서 나도 노래는 꽤 좋아하는 편이었지만 아빠가 알려준 성악 발성 (그때는 주먹구구식 성악이라고 생각했는데 지금 생각해 보면 아빠는 꽤 성악적인 발성을 잘 구사했다) 은 조금 낯설고 어색했다.

하지만 아빠가 시키는 대로 하니 꽤 그럴싸한 노랫소리가 나왔다. 자신감에 찬 나는 가창 시험도 떨지 않고 무사히 치렀는데, 내 노래를 들은 선생님이 성악을 배운 적이 있냐고 물으며 잘한다고 칭찬해 주셨다. 그때 나는 성악에 소질이 있다고 느꼈던 것 같다. 집으로 돌아와 온갖 성악 영상을 찾아보고 책을 찾아보았다. 그리고 부모님에게 성악 레슨을 시켜달라고 예고에 다니고 싶다고 음대에 가겠노라고 졸랐다. 부모님은 내 선택을 적극적으로 지원해 주셨고 소원대로 예고를 거쳐 나는 서울에 있는 음대 성악과에 입학하게 되었다. 그때까지만 해도 내게 스위치는 하나였다. 성악을 공부할 때는 ON 친구들과 놀 때는 잠시 OFF.

그런데 두 번째 스위치가 생긴 건 대학교 1학년이 조금 지날 무렵이었다. 뮤지컬을 봤다. 아니 사실 뮤지컬은 고등학생 때도 시간이 나면 영상으로 즐겨보고 가끔은 서울에 레슨을 받으러 가서 혼자 보고 오기도 했다. 그때는 단순히 음악의 또 다른 장르를 경험하는 정도였는데 어느 순간부터 뮤지컬배우가 되고 싶어졌다. 성악과 오페라에 비해 화려한 무대 그리고 한국어로 하는 연기와 노래 그리고 춤. 이 모든 것은 성악 공부에 지쳐있는 나에게 너무나 자극적인 유혹이었고 나는 또다시 부모님께 뮤지컬을 배우겠노라, 학교를 휴학하겠노라 선언했다. 부모님은 이번에도 역시 내 선택을 응원해 주셨다. 나는 음대를 다닐 때는 성악 스위치를 ON 해 두었다가 수업이 끝나고 뮤지컬 레슨을 받으러 갈 때는 뮤지컬 스위치를 ON 하기 바빴다. 그렇게 졸업 후 시립뮤지컬단에 들어가며 성악 스위치는 OFF 해 둔 채 본격적으로 뮤지컬배우의 스위치를 켜두기 시작했다. 그런데 사람은 참 간사하다. 아니 내가 끈기가 없는 것일까? 뮤지컬단도 회사였는지 마의 3년쯤 되니 딴생각이 들기 시작했다. '이제 몸을 쓰는 건 좀 지쳐, 매일 무대 위에서 긴장하고 떠는 것도 힘들어.' 이런 생각이 나를 지배하기 시작했고 나는 무대가 아닌 다른 곳에서 음악을 할 수 있는 방법을 찾고 싶어졌다.

그렇게 만난 것이 작사이다. 우연히 본 SNS 게시글에 누구나 작사가로 데뷔를 할 수 있다는 문구를 보았다. 평소 글을 쓰는 것을 좋아하는 나였던지라 음악을 전공한 내가 가사를 쓴다면 뭔가 더 쉽고 잘할 것 같았다. 그렇게 작사학원을 등록했다. 생각만큼 작사는 쉽지 않았다. 정해진 글자 수 안에서 곡의 분위기에 맞춰 가사를 상상하여 짓는다는 것이 단순히 글을 쓰는 것과는 다르게 복잡하고 섬세한 일이었다. 그래도 나에게 작사는 새로운 활력소가 되어주었기에 뮤지컬단에서 퇴근하면 뮤지컬 스위치를 OFF하고 작사 스위치를 ON 하기 바빴다. 학원을 수료하고 얼마 정도 시간이 흘렀을까, 감사하게도 작사 데뷔곡을 낼 수 있게 되었고 지금까지도 많지는 않지만 매년 한두 곡씩 작사에 참여하여 곡을 발매하고 있다. 3개의 스위치를 가지고 살아가던 중 결혼을 하고 순천으로 오게 되었다. 순천으로 내려오면서 서울에서 다니던 뮤지컬단은 퇴사하였다. 오히려 그때는 작사에만 전념할 수 있어 다행이라 생각했다.

하지만 작사는 짝사랑 같은 일이라 원한다고 다 곡이 발매되는 것이 아니었다. 그 말인즉 작사가 나에게 어느 정도 안정적인 수익을 주지 못한다는 것이다. 짝사랑에 조금 지쳐갔다. 매일 켜 둔 작사 스위치가 뜨겁게 과열된 기분이었다. 나는 다시 오래전에 꺼두었던 성악 스위치를 매만졌다. 뽀얗게 먼지가 쌓인 스위치를 닦아내고 다시 성악 연습을 시작했다. 다행히 좋은 친구들과 순천에서 성악팀을 만들어 활동을 시작할 수 있었고 시립합창단에 들어가면서 안정적인 수입도 생기기 시작했다. 너무 오래 꺼둔 탓일까 가끔 스위치가 깜빡깜빡하지만, 열심히 가꿔주려 애쓰고 있다. 그래서 늦게나마 대학원도 들어갔다. 그렇게 대학원생 스위치가 성악 스위치 옆에 조그맣게 생겨났다. 지금도 나는 3개의 스위치를 달고 산다. 성악 스위치, 작사 스위치 그리고 대학원생 스위치까지.

그런 내게 또 슬금슬금 새로운 스위치가 등장하려 한다. 바로 글쓰기 스위치이다. 나이가 들수록 하고 싶은 이야기가 많아지고 또 남기고 싶은 이야기가 생겨난다. 가사는 정해진 글자 수가 있지만, 글은 내 마음대로 쓰면 된다. 그래서 가끔 작사가 잘 풀리지 않을 때, 슬럼프가 찾아올 것 같을 때는 단편소설을 쓰거나 에세이를 쓴다. 4개의 스위치를 달고 사면 힘들다는 건 안다. 몸은 하나고 하루는 24시간이라는 사실은 변함없기에 분명 언젠가는 누전 사고가 날 것이다.

그렇다 해도 어느 하나 포기할 수 없다. 본디 욕심이 많은 성격인지라 하고 싶은 건 해야 한다. 나는 하고야 만다. 그래서 오늘도 열심히 4개의 스위치를 껐다 켠다. 누군가는 이런 나를 문어발이라고 욕할 수도 있고 또 한편으로는 갓생을 산다고 칭찬할 수도 있다. 뭐든 상관없다. 그냥 이게 나라는 사람이기 때문에 나는 행복하다.

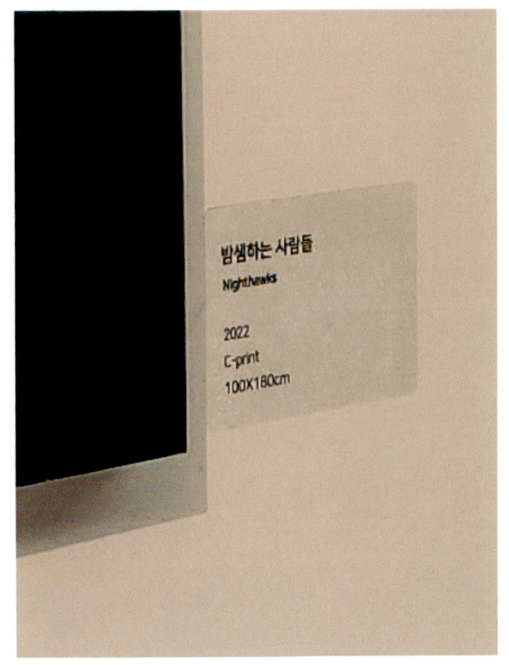

3부

소녀, 기억 너머 시간에 기대어

'   인생의 수많은 앞머리 같은 고민 앞에서   '
망설이는 나를 위해 오늘보다 조금 더 현명해지길…….
'그래 그때 내가 하고 싶은 대로 그렇게 하길 잘했어.'라고
나를 칭찬할 수 있는 순간들이 갈수록 많아지길 기대해 본다.

국동항의 갑오징어들은 똑똑했고 눈먼 것은 우리였다

"이 낚싯대는 휨새가 조금 더 부드럽고······."
"이 릴은 안에 줄을 교체하는 것이 더 나으며······."
사장님이 친절하게 설명해 주었지만 나와 오빠는 그저 멍하니 고개만 끄덕거릴 뿐이다. 그렇다. 오빠와 나는 낚시 장비를 파는 곳에 와있다. 낚시라고는 한 번도 해본 적 없는 우리가 어쩌다 여기에 오게 된 것일까.

이 모든 것은 오해로부터 시작되었다. 두어 달 전 오빠가 흘러가는 말로 낚시 한번 가자고 한 적이 있다. 나는 시간 될 때 한번 가보자고 대답한 뒤 까마득히 잊고 지냈다. 그런데 갑자기 오늘 5시쯤 카톡을 하나 보내왔다. '지인아, 우리 낚시 가볼까? 여수 국동항에 가면 갑오징어가 엄청나게 잡힌대.' 마침, 다른 일을 하느라 바빴던 나는 '대박이네! 갑오징어가 제철인가 보다, 우리도 조만간 한번 가보자'라고 의례적인 대답을 하려 했다. 그런데 서둘러 카톡을 하는 바람에 그만 앞뒤 말은 생략하고 '대박이네! 한번 가보자'만 보내버렸다. 그때까지만 해도 몰랐다. 당연히 오빠도 나와 같이 이해했을 거로 생각했다. 하지만 잠시 뒤 6시 반쯤 전화가 왔다.

"여보세요?"
"지인아, 나 조기퇴근!"
"엥? 갑자기? 왜?"

"낚시하러 가려고! 낚시 장비 살 가게도 알아봤어! 오늘 8시까지 한데!"

당황스러웠다. 한번 가보자는 말은 절대 오늘이 아니었다. 무엇보다 나는 오늘 하던 일을 마무리하고 싶었다. 그런데 목소리가 지나치게 들떠 있었다. 차마 거기에 대고 못 간다고 말할 수 없었다. 어린아이처럼 신나서 부랴부랴 집으로 달려오는 오빠의 표정이 그려졌기 때문이다. 그렇게 낚시에 니은도 모르는 두 사람의 첫 낚시가 시작되었다.

가게에 들어가자마자 우리는 멘붕에 빠졌다. 오빠와 나는 장난감 낚싯대처럼 낚싯대에 손잡이와 줄과 미끼가 같이 세트로 붙어있는 줄 알았다. 그런데 사장님이 낚싯대는 어떻고 릴은 어떻고 채비는 어떻고를 설명하기 시작하자 머리가 하얘졌다. 과연 오늘 낚시를 할 수 있을까 걱정이 앞섰다. 아니 그전에 낚싯대를 조립할 수는 있을까 심히 걱정되었다. 아무리 설명해도 그저 영혼 없이 대답하며 우왕좌왕하는 우리를 보자 사장님은 눈치를 챈 듯했다. 이 사람들 왕초보구나. 우리가 오늘 처음 낚시를 간다고 말은 했지만, 사장님은 당연히 유튜브라도 보고 온 줄 안 모양이었다. 우리의 상태를 제대로 파악한 사장님은 다시 낚싯대가 어떻게 구성된 건지부터 시작해서 채비와 에기가 무엇인지, 갑오징어는 무엇으로 잡아야 하는지 세세하게 알려주기 시작했다. 사장님의 도움으로 겨우 낚시용품을 구매하고 서비스로 낚싯대에 릴과 줄 그리고 가짜 미끼인 에기를 거는 법까지 속성으로 과외를 받았다. 과외를 받으니 조금 전까지의 걱정은 사라지고 왠지 갑오징어를 어마어마하게 잡아

올 것 같은 자신감이 솟구쳤다. 그렇게 우리는 여수 국동항으로 떠났다.

국동항은 낚시로 유명한 곳답게 많은 사람이 와있었다. 우리처럼 간단히 낚시를 즐기러 온 사람들도 있고 아예 텐트를 치거나 차박을 하는 사람들도 있었다. 우리는 낚시하는 사람들을 따라 괜찮아 보이는 포인트에 자리를 잡았다. 그때 우리 옆에서 낚시하고 있던 아저씨 한 분이 갑자기 트로트를 크게 틀었다. 아, 자리를 잘못 잡았구나 싶었다. 저 시끄러운 소리에 오징어들이 다 도망가면 어떡하지, 걱정되었다. 하지만 이곳 외에는 다른 선택지가 없어 그냥 하기로 했다. 구매한 낚싯대들을 꺼내서 배운 대로 조립하고 에기를 끼웠다. 내 손으로 척척 완성하자 이것만으로도 이미 낚시꾼이 된 것 같은 기분이었다. 그런데 문제는 지금부터였다. 사장님이 낚싯대를 어떻게 던지라고 설명했는지가 하나도 기억나지 않았다. 줄을 풀고 던지라고 했든가 감고 던지라고 했든가……. 오빠와 나는 낚시의 기본 원리도 몰라 그저 장대 같은 낚싯대만 부여잡고 한참을 두리번거렸다. 그때 옆자리의 트로트 아저씨가 눈에 띄었다. 왠지 모르게 전문가 같은 분위기에 이끌려 아저씨에게 다가가 물었다.

"저 사장님 죄송한데요, 혹시 낚싯대는 어떻게 던져요?"

낚시하러 와서는 낚싯대는 어떻게 던지냐니. 이 얼마나 황당한 질문인가. 질문을 한 나조차도 머쓱했다. 하지만 이제는 사장님이 된 트로트 아저씨는 이 황당한 질문에도 선뜻 내게 시범을 보여주었다.

첫 번째, 총을 잡는다, 생각하고 줄을 잡는다.
두 번째, 왼쪽으로 릴의 고리를 둔다.
세 번째, 고리를 꺾어 열어준다.
네 번째, 지렛대의 원리를 이용해서 멀리 줄을 던진다.

  이렇게만 하면 줄이 알아서 풀린다는 것이다. 과연 사장님의 말대로 하니 낚싯대가 '휙' 소리를 내면서 경쾌하게 쭉 뻗어나갔다. 그 뒤로 몇 번 더 내가 헤맬 때마다 코치님처럼 다가와 시범을 보여줬다. 또 에기가 돌에 걸려 끙끙댈 때는 해결사처럼 등장해 반동을 이용해서 풀면 된다는 간단한 말과 함께 멋들어지게 손목을 몇 번 흔들더니 걸린 낚싯줄을 풀어주었다. 어쩌다 보니 나와 오빠는 사장님의 학생들이 되었고 사장님은 본인의 낚시도 내팽개쳐 둔 채 우리를 가르치는 꼴이 되었다. 정말 감사했다. 무엇보다 처음에 트로트를 크게 틀어서 시끄럽다고 생각한 것이 죄송했다. 이런 귀인을 몰라뵙고 다른 곳으로 가려 했다니 얼마나 어리석은가. 한 시간 남짓 낚시 교실이 진행되었고 덕분에 우리는 제법 낚싯줄을 멀리 던질 수 있게 되었다. 그리고 사장님은 미리 맞혀둔 종료 알람이 울리자 여느 무림 고수가 사라지듯 쿨하게 사라졌다.

  사장님이 가고도 나와 오빠는 열심히 낚싯줄을 던졌다 건지기를 반복했다. 초심자에게 찾아올 행운을 기대하며. 국동항의 눈먼 갑오징어들이 우리의 미끼에 걸려주길 빌었다. 하지만 국동항의 갑오징어들은 쉽사리 미끼를 물지 않았다. 두 시간이 넘어가자 점점 다리가 아팠다. 나는 기권을 선언했다. 오빠는 미련이 남았는지 딱 두 번만 더 던지고 집에 가겠노라 선언했다. 그렇다 국동항 갑오징어들은 똑똑했고 이제 막 낚시에 니은을 배운 주제에 월척을 바란 우리가 눈먼 자들이었다.

허당 박선생

나는 말이 많은 사람이다. 마음 맞는 사람들과 이런저런 이야기할 때 더 그렇다. 일명 여자 유재석이라고 할까. 그래서 요즘은 독서 모임을 여러 개 하면서 책 이야기를 신나게 하고 있다. 한땐 신앙공동체 모임을 열심히 한 적도 있었다.

결혼과 동시에 천주교 교반 모임을 했다. 교반 모임은 내가 사는 아파트단지 내에서 같은 성당에 다니는 사람들끼리 모임을 하는 걸 말한다. 서로가 잘 아는 사이라서 신앙 이야기 외에도 아이 키우는 얘기며 세상 사는 얘기를 나누었다. 물론 천주교 신자들 모임이기에 신앙 이야기를 가장 많이 했다. 교반 식구 대부분이 젊은 부부들이라서 우리는 시간 가는 줄 모르고 이야기꽃을 피웠다. 마칠 때에는 늘 아쉬워하면서 헤어졌다.

나는 그분들을 형님이라고 불렀다. 형님들과 같이 성서 구절을 읽고 이야기 나누는 그 시간이 참 좋았다. 그때 나는 매일 성당에 가서 기도하고 집에서도 성서를 읽고 기도했다. 그러다 어느 순간 하느님 말씀이 새롭게 다가왔다. 무슨 말인지 알 것 같았다. 아는 기쁨을 나누고 싶은 마음 때문이었는지 성서 이야기를 할 때 나는 말이 많아졌다. 의도한 것은 아니었지만 나도 모르게 방언 터지듯 쏟아내고 있었다. 형님들 앞에서 열성적으로 하느님 말씀을 전하곤 했다.

한 번은 유치원생인 아들을 데리고 갔다. 아들은 그 집에 있는 초등학생 형들과 작은 방에서 놀고 나는 거실에서 이야기를 나누었다. 우리를 초대한 형님은 신자였지만 남편분은 천주교 신자가 아니었다. 비신자인 남편분이 자기 집에서 모임 하는 것을 싫어하지 않아 우리는 편하게 이야기할 수 있었다. 모임 중간에 퇴근한 남편분은 주방에서 저녁 식사를 하고 있었다.

  모임 순서에 따라 성서 구절을 읽고 이야기를 나눌 때였다. 누군가 성서 구절의 하느님 말씀이 무슨 뜻인지 잘 모르겠다고 했다. 나는 그분의 말에 대답하듯 말하기 시작했다. 내 말에 사람들은 고개를 끄덕였고 모른다고 했던 분은 이제야 이해가 되었다며 좋아했다. 형님들은 내가 하느님의 말씀을 이해하는 특별한 은총을 받았다며 칭찬했다. 나는 모임에 도움이 된 것 같아 기분이 좋았다. 시간이 흘러 작별 인사를 하고 집으로 향했다. 집으로 가면서도 형님들과 수다를 떨었다.

  집에 도착하고 나니 아차 싶었다. 유치원생 아들을 그 집에 두고 나 혼자만 온 것이었다. 나는 허겁지겁 현관문을 열고 밖으로 나갔다. 막내를 임신한 상태였던 나는 마음과는 달리 빨리 걸을 수가 없었다. 막달에 가까운 임산부였던 나는 부른 배를 두 손으로 감싸안고 뒤뚱거리며 걸었다. 우리 집에서 그 집까지 거리가 그날따라 너무 멀게만 느껴졌다. 뛰는 것도 아닌 빨리 걷는 것도 아닌 어정쩡한 걸음으로 가는데 저 멀리서 형님 손을 잡고 오는 아들 모습이 보였다. 멀리서도 서운해하는 아들의 몸짓과 표정이 보였다. 나는 미안한 마음에 뭐라 할 말이 없었다.

아들을 데리고 온 형님은 나를 보자마자 배를 잡고 웃었고 아들은 한쪽 손으로 눈물을 닦으면서 훌쩍거렸다. 형님이 웃는 이유를 말해주었다. 모임이 끝나고 남편분이 아들 방에 가니 낯선 아이가 있어 깜짝 놀랐단다. 아들 흘리고 간 엄마가 누구냐며 묻는 남편에게 형님이 나라고 얘기를 하니 남편 눈이 더 똥그래지면서 말했단다.

"성서 이야기를 똑 부러지게 잘하던 그 사람? 아까 선생님처럼 똑똑하게 말하던 그 사람? 알고 보니 허당 선생님이었군!"

형님 말에 의하면 남편분은 밥을 다 먹고도 계속 내 얘기를 듣고 있었단다. 내가 너무 말을 잘해서 일어날 수가 없었고 듣는 내내 감탄했단다. 그런 내가 아들을 두고 갔었니…….

사실 나는 허점이 많은 사람이다. 앉아서 말 잘하고 일어나면서 제 발에 넘어지는 엉성한 사람이다. 그게 매력이라고 말해주는 좋은 사람 덕분에 오늘도 나는 허당 박 선생으로 살아가고 있다.

꿈풀이

 꿈을 꿨다. 돌아가신 어머니에게 화를 내는 꿈이었다. 어머니가 내 방에 있던 책을 모두 치워버리고 그 자리에 유채꽃을 담은 흰 자루를 쌓아놓았다. 꿈에서 나는 책을 버린 어머니가 너무 서운해서 화내다 울고 울다가 화를 냈다. 그러곤 눈을 떴다.
 심리학에선 꿈은 소원 성취라고 한다. 현실에서 이루지 못한 것을 꿈에서 성취한다는 것이다. 이루고자 하는 욕망이 그런 꿈을 꾸게 한다는 이야기이다. 그렇다면 나는 세상을 떠난 어머니에게 화를 내고 싶은 마음이 있다는 것인가? 당황스럽다. 어머니가 세상을 떠난 지도 벌써 팔 년이 넘었다. 그렇게 시간이 흘렀는데도 아직도 꿈을 꿀 정도로 서운함이 남아있다니.
 나는 어머니에게 화를 내지 않는 딸이었다. 철이 들면서 알게 된 것은 내가 딸이라서 부모님이 서운해한다는 것이었다. 아들이 귀한 집에 다섯 번째 딸로 태어난 나는 순한 아이였다. 순한 아이답게 어머니가 하라면 하고 하지 말라는 것은 하지 않는 아이로 자랐다. 아버지가 돌아가시는 바람에 대학교를 보낼 수 없다는 어머니의 말에도 나는 따랐다. 어쩔 수 없는 상황이라고 받아들였다.
 시간이 한참 흐른 뒤, 딸아이가 피아노학원 다닐 때였다. 어머니는 내게 피아노 사려면 얼마 드냐고 물었다. 그러곤 며칠이 지나 돈이 든 봉투를 꺼내주었다. 받지 않으려고 하자 어머니는 대학교 못 가게 한 마음 내려놓는 돈이라고 했다. 나는 그 돈으로 딸아이에게 피아노를 사주었다. 그때 돈을 받은 나로서 아직도 서운해한다는 것은 말이 되지 않는다. 돌아가신 어머니가 알면 진짜 서운할 일이다.

  화를 내는 꿈이 소원 성취라면 깨고 나면 좋아야 하지 않는가. 그렇지 않은 것은 왜일까? 프로이트는 무의식이 꿈을 교묘하게 연출한다고 했다. 마치 영화에서 주인공을 속이기 위해 중요한 인물이 존재감 없는 행인으로 스치듯 지나가는 것처럼. 그래서 꿈 해석은 전문가가 아니면 어렵다고 했다. 전문가가 아닌 나는 이번에는 인터넷에 나오는 꿈풀이를 찾아보았다. 어쩌면 버린 책이 아니라 자루에 담긴 꽃이 의미가 있는지도 모른다. 인터넷에서는 유채꽃은 행운이 오는 길몽이란다, 아차 싶다. 어머니가 방에 행운을 담는 걸 내가 방해한 꼴이 되고 만 것이다. 화를 내는 바람에 어머니는 유채꽃 자루를 방에 넣는 걸 다 하지 못했다. 꿈에 아버지가 준 로또 번호를 거부한 적이 있는 나는 이번에는 어머니가 주려는 행운을 거부한 것 같아 씁쓸했다.

  왜 그런 꿈을 꾸는 것일까? 어쩌면 의식과 무의식의 충돌인지도 모른다. 돌아가신 부모님이 행운을 주길 바라는 마음과 그런 마음을 가지면 안 된다는 마음이 내겐 다 있나 보다. 그래서 낮에는 안 된다는 의식이 바라는 마음을 억압하다가 꿈에서는 반대 상황이 되는 것 같다. 아니지, 그런 상황 자체를 꿈꾸는 것이다. 결국 그 꿈은 내면의 모습이었다. 내가 나에게 보여주는 마음이었다는 것을 이제야 알았다. 어머니께 화내서 불

편했던 마음이 조금은 편안해졌다.

그때 나를 흔들 듯 휴대전화기가 울었다.

"여보세요?"

"좋은생각입니다. 생활문예대상에 내신 글이 입선에 당선되어 연락드렸습니다."

헉, 이 소식을 듣기 위한 꿈이었나? 꿈에서 화를 내지 않았으면 더 큰 상을 받았을까? 더 큰 상을 바라는 이런 옹졸한 딸을 위해 꽃을 들고 오신 어머니 고마워요.

팔자 좋다

인터넷으로 굽이 있는 구두를 한 켤레 샀다. 평소였으면 잘 사지 않을 뾰족구두인데 왠지 마음에 들었다. 이번에는, 이 구두로 걸음걸이를 좀 고쳐봐야겠다는 비장한 각오도 함께 다졌다.

'하찌꼬'. 중학생 때 교복을 입고 걸어오는 날 보고 아빠는 '하찌꼬'라 불렀다. 일본어로 숫자 8을 뜻하는 '하찌'와 여자 이름 뒤에 붙는 '꼬'를 붙여서, 즉 내가 팔자걸음이란 소리다. 아빠가 그렇게 놀릴 때마다 나는 대학생이 되어 예쁜 뾰족구두를 신으면 저절로 고쳐질 거라고 항변했다.

하지만 슬프게도 32살이 된 지금도 나는 '하찌꼬'다. 걸음걸이를 고치는 것은 다 큰 어른이 젓가락질 고치는 것만큼 어려운 일이다. 적어도 나에게는. (이 말인즉 나는 젓가락질도 사실 엉망이라는 소리다) 아무튼 20대까지 내가 팔자걸음이라는 사실을 잊고 살았다. 아니 가끔은 스스로가 굉장히 바르게 걷고 있다고 느낄 때도 있었다. 스무 살에 혼자 서울로 올라와 자취를 시작하면서 나를 하찌꼬라고 놀릴 아빠도 곁에 없거니와 20대에게는 걸음걸이보다 더 중요한 일들이 넘쳐났기 때문이다.

20대 초반에는 대학교 생활, 이성 친구, 가끔은 유행하는 화장 등 온갖 사소한 이야기들이 나를 바쁘게 했다. 무엇보다 성악과에 들어간 난 뮤지컬에 빠져 살아 음대에 다니면서 연기, 노래, 안무 레슨을 받으며 지내느라 정신이 없었다. 서울은 너무 넓었고 지하철은 나를 기다려 주지 않았기에 매일 레슨과 레슨 사이를 넘나들며 걸음걸이를 신경 쓸 여유 없이 걸음을 재촉하며 살기 바빴다. 그래서 내가 생각했던 대학생의 뾰족구두는 없었다. 물론 키가 커서 높은 구두를 선호하지 않는 것도 있었지만 코앞에서 닫히는 지하철 문을 향해 나를 가장 빠르게 옮겨 줄 수 있는 것은 운동화밖에 없었기에 원피스에도 운동화를 신고 다녔다. 코디 따위 알게 뭐람. 또 학교를 졸업하고는 마냥 부모님의 경제적 도움에만 의지할 수 없다는 생각에 아르바이트도 시작했다. 도서관, 도넛 가게, 그리고 카페 이곳저곳을 옮기면 아르바이트했다. 나는 더 바빠졌지만, 시간은 늘 공평하게 24시간이었기에 매일 걸음걸이를 재촉하며 사는 수밖에 없었다.

그렇게 열심히 달리며 산 덕분에 운 좋게도 내가 원하는 뮤지컬단에 취직할 수 있었다. 그곳에서 역시 걸음걸이는 뒷전이었다. 지각할세라 정신없이 달려 출근하고 매일 기진맥진할 정도로 안무 연습하는 바람에 돌아오는 퇴근길은 없던 팔자걸음도 생길 만큼 고되었다. 그래도 그때는 원하는 일을 하고 있으니, 그마저도 참 행복했다. 그렇게 4년을 뮤지컬단에서 일하고 결혼하며 순천으로 내려왔다. 연고가 없는 순천에 새로 일을 시작하는 것은 또다시 발걸음을 재촉하게 했다. 그렇게 30대가 되어서도 나는 걸음걸이를 생각할 겨를 없이 열심히 걸어 다니며 기회를 찾아 헤맸고 부산한 발걸음은 다시 순천에서 노래할 수 있게 만들어 주었다. 그렇게 합창단에 적응해 가던 어느 날 친한 언니가 나에게 와서 말했다.

"지인아, 너는 다 좋은데 걸음걸이가 좀……." 아차, 그제야 내 걸음걸이가 생각났다. 잘하고 싶은 조급한 마음 때문에 항상 걸음을 재촉하여 사느라 여태껏 팔자걸음을 고치지 못했구나. 순간 나는 나를 자책했다.

그것도 잠시, 뾰족구두가 문제였을까? 뭐든지 잘 해내고 싶다는 굽 높은 내 마음이 나를 팔자로 걷게 한 것은 아닌지. 어쩌면 그런 마음이 나를 계속 노래하게 만들어 줬고 매번 원하는 곳으로 데려다준 것인지도 모른다. 그래, 이 뾰족구두는 필요하지 않겠구나. 나는 인터넷 창의 구매 취소 버튼을 눌렀다. 뭐 굳이 이제 와서 팔자걸음 고칠 필요 있어? 에라 모르겠다 팔자 좋다~.

꿈

　반려동물을 키우면서 꿈이 생겼다. 공동주택이 아닌 내 마음대로 할 수 있는 전원주택에 살고 싶다. 특히 길고양이 밥을 줄 때 도둑처럼 사람들 눈치 살피면서 몰래 줄 때마다 더 그렇다. 이사를 하기엔 돈이 없다. 예전에 놓친 행운이 자꾸 생각난다. 그때 그 행운을 잡았어야 했는데…….

　로또 금액이 엄청날 때였다. 하루는 꿈에 돌아가신 아버지가 나왔다. 받을 돈이 있다면서 내가 대신 가서 받아오라고 했다. 꿈에서 나는 싫다고 말하면서 가지 않았다. 아버지는 싫다는 내게 계속 같은 말을 하면서 받으러 가길 원했다. 내가 끝까지 버티니 아버지는 시간이 없다면서 금액이라도 보라고 종이를 내밀었다. 종이에 적힌 금액을 보고 꿈에서 깼다.

　내가 본 것은 숫자 여섯 개였다. 순간 로또 번호라는 것을 바로 알았다. 숫자가 너무나 선명해서 잊을 수가 없었다. 며칠 후 친정에서 가족 모임이 있었다. 이런저런 이야기를 하다가 꿈이 생각나서 언니들에게 아버지 이야기와 숫자를 알려줬다. 막상 숫자를 알려주려니 끝 번호가 잘 기억나지 않았다. 언니들은 어디에 적어놓지 않았냐고 물었다. 너무 또렷하게 본 숫자라서 잊을 수가 없어 따로 적지를 않았다. 마지막 번호가 이 숫자 같기도 하고 저 숫자 같기도 했다. 그래서 언니들에게 마지막 번호는 두 개 모두 적어보라고 알려주었다. 우리 모두 일등 되면 좋겠으니 꼭 사라고 얘기했다.

집으로 돌아오는 차에서 남편과 말다툼했다. 남편은 내가 당첨되고 나서 형제와 나누면 될 것을 왜 얘기했냐는 것이다. 나는 아버지가 알려준 거라 함께 당첨되면 나눌 필요도 없지 않냐고 목소리를 높였다. 아직 로또를 사지도 않았는데 남편과 생각이 다른 것을 알고 나니 사고 싶은 마음이 사라져 버렸다. 그래서 아버지가 알려준 번호의 로또를 사지 않았다. 술 마시면서 얘기를 해서 그랬는지 언니들도 모두 사지 않았다. 결국 꿈처럼 돈을 받지 못했다.

지금은 후회된다. 자식을 위해 꿈에까지 나와서 돈을 받게 하려고 애쓴 아버지의 마음이 이제야 알게 되었기 때문이다. 죽어서도 자식을 생각하는 아버지의 마음을 내가 외면한 것 같아 죄송할 뿐이다. 어쩌면 나를 생각해 주는 그런 아버지의 마음을 내가 원했기에 꿈을 꿨는지도 모른다. 아버지의 마음이든 내 마음이든 아무튼 우리는 마음이 서로 통하지 않은 것 같아 씁쓸하다.

막내인 내가 고등학생일 때 아버지는 돌아가셨다. 어릴 때 이별한 자식이 걱정되어 꿈에 오신 걸까?

"아버지 이젠 편히 쉬세요. 로또는 자동으로 해볼게요."

한 번은 그림책 작가로 살고 싶다.

　월요일은 미술교습소인 라폴라에 가는 날이다. 수업하고 오자마자 급하게 저녁을 먹고 걸어간다. 처음엔 주변을 살필 여유 없이 보행자 신호를 놓치지 않으려고 바쁘게 걸었다. 일 년이 지난 지금은 숨이 편한 걸음으로 걷는다. 걸어서 오 분 거리에 신호등이 세 개가 있다. 하나는 어떻게 해보겠는데 세 개는 빨리 가겠다는 내 의지를 꺾기에 충분했다. 급하게 먹은 밥 소화될 정도의 가벼운 걸음으로 그림을 배우러 가고 있다.
　작년에 우연히 도서관에서 하는 '어쩌다 그림책 작가' 수업을 듣게 되었다. 대기자인 나는 늦게 합류했다. 그림책 글쓰기를 처음 배운 날 가슴은 뛰는데 머리는 하얘졌다. 매일 아이들과 그림책을 읽고 보기에 글 쓰는 게 쉬울 거라고 여겼다. 웬걸, 만만치가 않았다. 그림책의 글은 길지도 짧지도 않으면서 재미있고 주제가 선명해야 한다. 거기에 위트 한 스푼 또는 감동 한 방울 넣는다면 최고의 글이 된다고 하니 할 말이 없었다. 잘 만든 유명한 책을 보여주는 강사의 밝은 표정과는 달리 나는 점점 빛을 잃었다. 앞이 보이지 않았다. 글도 글이지만 똥손인 내가 그림을 감당할 자신이 없었다. 수업을 듣기 전에는 그림을 잘 그리는 사람과 협업하면 되는 줄 알았다. 혼자서 글과 그림을 다 해야 하는 줄 몰랐다.
　수업을 듣고 나니 내가 그릴 수 있는 게 없었다. 집에 와서 종이에 선을 쭉 그어 보았다. 반듯하게 그은 선 하나가 없었다. 사람을 그려보았다. 유치원생이 그린 것 같았다. 그동안 나는 수업 때마다 아이들 기 살리는 역할을 했다. 그리는 활동을 할 때마다 예시로 내가 그림을 그리면 아이들은 웃으면서 좋아했다. 자기들보다 더 못 그렸기 때문이다. 펜을 놓기가 무섭게 아이들은 자연스럽게 칠판 앞으로 나와서 더 멋진 그림을 그려놓았다. 그러곤 뿌듯한 표정으로 자리에 가서는 종이에 그림을 그렸다. 아이들 기 살리던 똥손이 오늘은 내 기를 다 죽이고 말았다.

나는 왼손잡이였다. 학교에서 연필 잡는 것을 배우기 전까지는 왼손으로 모든 걸 했다. 학교 다니면서 젓가락질도 오른손으로 바꿨다. 남들 시선을 생각해서 오른손을 많이 쓰려고 애를 썼다. 오른손으로 한다고 해서 잘하는 것은 아니다. 내 오른손은 남들의 왼손과도 같은 것이다. 힘들고 어설프고 불편한 손이다. 그런 손으로 글을 쓰고 그림을 그리니 결과는 불 보듯 훤하다. 악필에 똥손이 되고 말았다. 남들이 보기 전에 빨리 끝내고 싶은 불안한 마음이 오른손에 담겨있다고나 할까. 어른이 된 지금은 오른손과 왼손을 다 사용하는 어설픈 양손잡이가 되어 버렸다.

선이라도 잘 긋고 싶어 배우기 시작한 미술 수업이 생각보다 재밌다. 배우자마자 천재처럼 잘 그리는 그런 기적은 일어나지 않았지만 신선하다. 아무것도 없던 흰 종이에 선을 긋다 보면 풍경이 그려지고 색을 칠하다 보면 흰 종이는 사라지고 풍경만 살아있는 게 무척 마음에 든다. 글 쓰는 것과는 또 다른 창조의 즐거움을 준다. 색이라는 강한 자극을 어떻게 싫어할 수가 있을까. 색이 주는 창조의 에너지는 마치 직렬방식 같고 글을 쓸 때는 병렬방식 같다고나 할까. 물감을 가지고 노는 게 어릴 적 소꿉놀이 같고 인형 놀이처럼 즐겁다. 어른이 되어서도 이런 즐거운 놀이 하나쯤은 하고 사는 게 건강에도 좋다. 하루의 스트레스가 확 풀리기 때문이다.

이렇게 즐겁게 놀다 보면 언젠가는 그림책 하나쯤은 괜찮게 만들지 않을까, 기대해 본다. 아니, 죽기 전에 한 번쯤은 그림책 작가로 살아보고 싶다. 그 꿈을 위해 오늘도 길을 걷는다.

10월에는 드레스를 입어요.

올해 10월은 유난히도 바빴다. 제철을 맞은 가을 전어처럼 여기저기서 나를 찾아 주었기 때문이다. 드레스를 입은 연주자는 10월 내내 무대를 누비며 바쁘게 살았다.

10월은 가을의 정점, 곡식과 열매가 탐스럽게 익어 수확하는 시기이다. 먹을 것이 넘쳐나니 사람들의 인심도 넘쳐난다. 그래서인지 10월에는 축제가 참 많다. 내가 사는 지역만 해도 '전어 축제'니 '숯불구이 축제'니 온갖 제철 음식 축제의 향연이다. 맛있는 음식과 사람들이 모이는 곳에 음악이 빠질쏘냐. 다행히 축제를 주최하는 사람들은 음악을 편식하지는 않는다. 트로트가 대세인 요즘 클래식 성악가를 이리도 반갑게 불러주니 말이다. 축제뿐만 아니라 10월은 음악 연주회도 성수기이다. 농부가 일 년의 농작물을 가을에 수확하듯 음악가들은 한 해의 음악을 10월에 주로 수확한다. 혼자서 혹은 다른 연주자들과 함께 즐거운 마음으로 관객들에게 수확한 음악들을 선보인다. 무대 위의 연주자들도 객석의 관객들도 모두 배가 부른 계절이 10월, 가을이다.

대부분의 연주자가 그러하겠지만 나 역시 연주를 준비할 때 선곡을 가장 먼저 한다. 축제나 연주회의 콘셉트에 맞는 곡을 고르는 것이 가장 중요하면서도 어렵다. 클래식이라고 하면 잔잔하고 지루하게 만드는 뻔한 곡들만 있다고 생각하겠지만 요즘에는 발라드 못지않은 감미로운 한국 가곡들도 많고, 대중적으로 많이 알려진 팝페라 곡들도 많이 있다. 그렇기에 무대를 준비할 때마다 어떻게 하면 관객들이 클래식 성악을 더욱 친근하게 즐길 수 있을까 고민하게 된다. 곡목이 정해졌다면 내가 두 번째로 중요하게 생각하는 것은 바로 의상이다. 어쩌면 나는 이 의상 입는 재미에 무대를 계속 찾는지도 모르겠다. 특히 나는 연주 드레스를 입는 것을 좋아한다. 야외 행사나 축제 같은 곳에서 드레스가 아닌 원피스를 입을 때면 왠지 모르게 아쉽기도 하다.

사실 처음부터 드레스 입는 것을 즐긴 것은 아니었다. 학생 때는 제자발표회나 졸업 연주회 정도나 되어야 드레스를 입을 수 있었다. 그때는 드레스를 한 벌 빌리는 데 상당한 돈이 들었다. 특히 예쁜 드레스일수록 가격은 더욱 높아졌다. 이대 앞 드레스샵들은 음대 여학생들에게 매우 유명한 곳이었다. 그곳에 예쁜 드레스가 많아 마음을 빼앗기면서도 비싼 가격에 어쩔 수 없이 마음에 차지 않는 저렴한 드레스를 선택했던 경험이 있다. 또 드레스를 입으면 당연히 그에 어울리는 메이크업도 받아야 했기에 드레스를 입는 것은 늘 부담이었다.

그런데 세상이 달라졌다. 해외 직구를 통해서 옛날 대여료의 반값에 드레스를 구매할 수 있게 되었다. 그 사실은 안 순간부터 나는 마치 인터넷을 처음 접하는 사람처럼 종일 핸드폰으로 드레스만 찾아보았다. 세상에 이 가격에 이렇게 예쁜 드레스를 살 수 있다니. 나에게는 신세계였다. 그렇게 한 벌 두 벌 드레스를 모으기 시작했다. 반짝이 드레스, 깃털 드레스, 스팽글 드레스 그리고 온갖 색깔의 드레스들이 옷장을 차지하기 시작했다. 드레스가 가득 걸려있는 옷장을 보면 배가 부르다. 그때 이대에서의 못다 채운 사심이 채워지는 느낌이다. 그래서 나는 결혼식 때도 딱히 드레스 욕심이 없었다. 드레스 입을 일은 내 인생에 아직 너무나 많기 때문이다. 매번 '이번 연주는 어떤 드레스를 입을까?' 고민하는 것은 즐거운 일이다. 이 즐거움이 앞으로도 오래오래 계속되기를 바란다. 내년에도 10월에는 예쁜 연주 드레스를 입을 예정이다.

꽃차 향이 참 좋습니다

 꽃차 브렌딩을 해보았다. 장미, 팬지 그리고 마리골드, 국화에 허브와 과일칩을 섞어 꽃차를 만드는 체험이었다. 꽃마다 어울리는 허브와 과일이 있다는 것이 신기했다. 꽃에 어울리는 허브와 과일칩을 골라 잘게 부수어서 티백에 넣었다. 작업을 할수록 향이 더해지고 어우러져서 기분이 맑아졌다. 어릴 적에도 지금처럼 꽃을 가지고 놀았던 적이 있었다.

 우리 집 화단에는 장미꽃이 만발했다. 봄 같은 분홍 장미와 가을빛을 닮은 붉은 꽃이 여름이 되면 같이 피어나서 한 계절을 보냈다. 어린 나는 그 꽃을 가지고 소꿉놀이했다. 먹을 수 있는 장미꽃으로 밥을 짓고 떡을 만들어 친구와 사이좋게 나눠 먹었다. 장미꽃은 씹으면 씹을수록 향긋하고 상큼했다. 처음에는 별맛이 없다가도 씹을수록 꽃향기가 느껴졌다. 장미는 화려해 보이는 것과는 달리 맛은 순하고 부드러웠다. 그래서 소꿉놀이할 때마다 먹을 수가 있었다. 소꿉놀이하면서 먹던 장미를 어른이 된 지금은 차로 마시게 되었다. 장미 꽃차를 다 만들고 나서 국화차를 만들었다.

 국화꽃을 보니 어머니가 생각났다. 한 번은 친정에서 언니들과 함께 이런저런 이야기를 나누다가 국화차가 감기에 좋다는 말이 나오게 되었다. 어머니는 옆에서 조용히 듣고 있었다. 국화꽃이 지고 겨울이 되어 아버지 제사 때 가니 어머니가 국화차를 만들었다며 내놓았다. 화단에 있던 국화와 화분에 있던 고운 국화꽃으로 차를 만들었다면서 감기 걸리기 전에 자주 마시라고 했다.

언니가 집에 가자마자 차로 마셔보니 맛이 너무 진하고 독해서 마실 수가 없다고 했다. 알고 보니 국화차를 그대로 말렸던 것이다. 그다음 해에 국화를 살짝 쪄서 볶듯이 말렸다. 그랬더니 시중에 파는 차처럼 향긋하고 맛있었다. 감기에 좋다는 말을 어머니는 그냥 흘려들을 수 없나 보다. 딸들에게 어떻게라도 좋은 것 주겠다는 어머니의 마음이 국화차에서 느껴졌다.

아쉽게도 어머니의 국화차는 계속 마실 수가 없게 되었다. 가을만 되면 그때 그 국화차가 생각난다. 이젠 내가 어머니처럼 꽃차를 만들어 딸에게 줄 순서가 된 것 같다. 나중에 딸도 꽃차와 함께 나를 생각한다면 그것 또한 괜찮은 것 같다. 하루빨리 정원이 있는 집으로 이사 가길 바라며 차 만드는 것을 마무리했다.

마지막에 내가 만든 장미차를 우려 마셨다. 이럴 수가, 붉은색이 눈길을 사로잡았다. 붉은색을 한 모금 마셨더니 입안에서 레몬 칩이 상큼하게 인사하고 싱그러운 장미 향이 혀끝에 살포시 내려앉았다. 맛있다는 말이 절로 나왔다. 어릴 적 소꿉놀이하면서 먹었던 맛보다 더 세련된 장미 맛이었다. 차를 마시는 지금 내 입안은 온통 장미꽃밭이다.

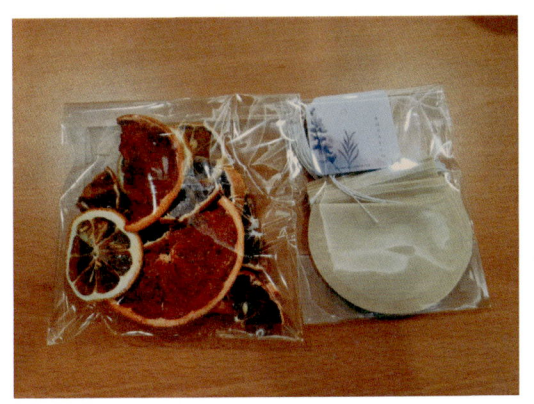

시절 인연

시절 인연이라는 말이 있다. 모든 사물의 현상이 시기가 되어야 일어난다는 불교 용어이다. 만남과 헤어짐이 다 때가 있다는 말처럼 들려 내겐 위로가 되는 단어이다. 살다 보면 시절 인연이라고 생각하면서 받아들일 수밖에 없는 일들이 있다. 쿠키와의 만남이 그러했다.

쿠키는 우리 집 넷째 딸인 강아지이다. 쿠키를 키우기 전에는 동물과 함께 사는 사람들을 이해하지 못했다. 외로운 사람이 개를 키운다고 생각했다. 그런 생각이 편견이라는 것을 나를 보면서 알게 되었다. 나는 자식 셋을 낳고 시어머니를 모시고 살았기에 외로울 틈이 없었다. 서로 인연이 닿으면 동물도 사람과 함께 살게 되는 것이다. 시작은 작은아들 때문이었다.

쿠키는 작은아들 친구네에서 분양받은 강아지이다. 강아지가 태어나기도 전부터 아들은 친구에게 새끼를 분양받기로 약속했다고 한다. 엄마 아빠한테는 물어보지도 않고 약속을 한 것이다. 새끼가 태어나자마자 아들은 친구 집에 매일 들락거렸다. 아들 친구도 부모한테는 물어보지도 않고 새끼를 준다고 약속한 상태였다. 초등학생인 아들이 이사 와서 처음 사귄 친구였다.

경상도에서 자란 아들은 충청도 아이들 사이에서 생활하는 것을 힘들어했다. 전에 다니던 학교로 다시 전학 가고 싶다는 말을 자주 했다. 새로운 친구보다는 이사 오기 전에 사귀었던 친구들을 그리워했다. 그러던 아들이 강아지 때문에 새로운 친구를 사귀게 되고 학교생활도 조금씩 적응하게 되었다. 학교 가기 싫어하던 아들이 강아지를 보기 위해서 등교하고 친구 집에 가면서 얼굴이 점점 밝아졌다.

하루는 아들과 남편 둘이 산에 올랐다. 아들이 산길 초입에서부터 정상에 갈 때까지 강아지 키우게 해달라고 졸랐다고 한다. 생각해 보겠다는 남편 대답에 아들은 정상에서 내려오는 내내 생각해 봤냐고 물었고 키우게 해달라고 통사정했단다. 남편은 기름에 볶이는 멸치처럼 아들한테 달달 볶였다. 머리가 멍해진 남편은 뒷일을 생각할 여유도 없이 허락해 버렸다.

우리 부부는 강아지에 대한 사전 지식 하나 없는 상태였다. 그냥 밥만 주면 되는 줄 알았다. 어릴 적 시골에서 살던 개처럼 만만하게 생각한 것이다. 시골마당 대신 집안에서 그냥 키우면 다 되는 줄 착각했다. 우리가 분양받은 강아지가 털이 끝도 없이 빠지는 포메라니안인 줄 몰랐다. 우리는 단순 무식했다. 반려동물에 대해 미리 공부도 하고 마음의 준비를 해서 키워야 하는데 우리는 그러지 못했다. 요즘 말로 우리 부부는 옛날 사람이었다.

마냥 신난 아들을 앞세워 강아지를 분양받으러 갔다. 사진으로 본 강아지는 우리가 원하던 암컷이 아니었다. 소변 때문에 수컷은 부담스러웠다. 그래서 암컷인 다른 강아지를 데려오려고 했다. 그런 우리 때문에 친구 아버지도 당황했다. 우리가 데려오려는 강아지는 다른 사람과 얘기가 오가는 중이라 난감한 표정을 지었다. 암컷은 그 강아지뿐이었다. 상황 돌아가는 것을 지켜보던 아들은 강아지를 품에 안았고 아들 친구는 데려가라고 허락하고 있었다. 어른들은 머쓱해졌고 상황을 빨리 끝내고 싶은 마음에 남편은 분양비와 선물을 주고 왔다. 집사람이 알면 안 된다고 돈을 받을 수 없다는 주인에게 사정사정해서 겨우 강아지를 데리고 나왔다. 잘 키우겠다고 약속하고 데리고 온 강아지가 쿠키이다.

이번 생에서 내가 가장 잘한 것은 그날 빼앗다시피 하며 쿠키를 데려온 것이다. 강아지를 키우는 바람에 노년의 시어머니를 품을 수 있었다. 강아지의 똥을 자연스럽게 치우게 되니 어머니의 똥을 치우는 것은 당연한 일이 되었다. 스스로 치우지 못하면 본 사람이 치우면 되는 아주 간단한 일이었다. 강아지를 품에 안게 되니 걷지 못하는 어머니를 업는 것 또한 할 수 있었다. 강아지와 비교도 할 수 없는 부모이기에 내가 손발이 되는 것은 지극히 당연하고 자연스럽게 받아들여졌다. 쿠키가 우리 집에 온 게, 마치 깨달음을 주기 위해서 온 선물 같았다. 강아지 딸 쿠키 덕분에 나는 사람을 더 사랑하게 되었다.

앞머리

앞머리를 자를까 말까? 일 년에 한 번씩은 꼭 하는 고민이다. 그것도 보통 여름에서 가을로 넘어갈 때쯤. 여름 내내 이마를 타고 흐르던 땀은 감히 앞머리를 내릴 생각도 못 하게 했지만 조금씩 불어오는 선선한 바람은 나를 유혹한다. '어때 지금 헤어스타일 좀 지겹지 않아?'

헤어스타일을 바꾸기를 좋아하는 나는 20대 내내 틈만 나면 미용실을 들락날락했다. 하루는 갑자기 특별한 색으로 염색하고 싶어져 새빨간 머리를 하고 나타나기도 했고, 인생에 한 번쯤은 탈색을 해봐야지 않겠냐며 금발로 탈색을 한 적도 있다. 파마는 또 어떤가. 뽀글뽀글한 히피 파마, 굵은 웨이브 파마 등 각종 굵기의 파마에 도전해 봤다. 그간의 도전 결과 나는 머리숱이 많은 편이라 파마가 잘 어울리지는 않았다. 파마가 지겨워지면 다시 긴 스트레이트 생머리로 돌아가기를 무수히 반복했고, 긴 머리를 단발에서 더 과감히 숏커트로 자르는 것은 일도 아니었다. 이렇게 머리카락은 주인을 잘못 만나 고생 아닌 고생을 했지만, 매번 미용실에 갈 때마다 '머릿결이 상하긴 했는데 스타일이 안 나오지는 않을 거 같아요. 일단 진행해 보죠.'라는 말을 들을 수 있었다. 특별히 머릿결을 관리하는 편이 아닌데 타고나길 튼튼한 모질인 것에 부모님께 감사하다.

하지만 이런 나의 화려했던 시절도 점점 30대가 될수록 시들해졌다. 예전에는 헤어스타일 하나로도 기분 전환이 되고 재미가 있었는데, 이제는 헤어스타일로 기분을 바꾸기에는 세상의 때가 너무 많이 묻었다. 또 예전에는 엄마 카드로 신나게 미용실을 다녔지만 이제 내가 벌어 쓰려니 (또 물가가 예전보다 많이 올라 미용실 가격도 굉장히 비싸졌다) 머리에 돈을 많이 쓰는 것은 부담이고 아까워졌다. 그래서 헤어스타일은 단발에서 점점 긴 생머리로 굳어졌고 내가 할 수 있는 소소한 기분 전환이 바로 앞머리를 자르냐 마냐 하는 것이다. 앞머리 역시도 무수한 헤어스타일 역사를 함께 하듯 있었다 없기를 반복했다. 막상 자르면 매번 조금씩 자랄 때마다 관리를 해줘야 하는 게 귀찮아져 다시 길러 없앴고, 또 없애면 없앤 대로 아쉬워 다시 자르기를 반복했다. 생각해 보면 앞머리를 자를지 말지 선택하기는 별로 어려운 것이 아니다. 잘라서 안 어울리면 다시 기르면 그만이다. 하지만 왜 매번 이토록 고민이 되어 일주일 내내 뒷머리를 끌어당겨 가짜 앞머리를 만들어서 어울리나 안 어울리나 상상을 해보는지 모르겠다. 또 앞머리 하나 자르는데 주변 사람 10명의 의견이 필요하다. 누군가 자르라고 하면 '근데 앞머리 내리고 이마에 뾰루지 나면 어떡해.'라고 반박하고 누군가가 자르지 말라고 하면 '근데 지금 내 헤어스타일이 좀 지겹지 않아?'라고 답한다. 주변 사람들은 '그러면 어쩌라고. 넌 이미 답이 정해져 있는 거 아냐? 하고 싶은 대로 해.'라며 한목소리로 짜증을 낸다.

인생에도 앞머리 자르기와 같이 사소한 결정을 하지 못해 고민하는 순간들이 있다. 그것도 꽤 많이. '오늘 저녁을 뭘 먹지.'

나 '다음 달에 헬스를 계속할지 말지.' 같은 일상적인 부분부터 '이번에 들어온 그 일을 할까 말까?'와 같은 직업적인 것까지. 앞머리처럼 잘라버리고 마음이 변하면 다시 기르면 그만인 선택들도 있지만 한번 자르고 나면 다시 붙을 수 없는 머리카락처럼 되돌릴 수 없는 선택을 해야 할 때도 있다. 그럴 때마다 내가 좀 더 지혜로웠으면 좋겠다. 항상 최고의 선택을 할 수는 없겠지만 마음이 가장 원하는 것을 내가 알 수 있었으면 좋겠다. 주변인들에게 의견을 물을 수 있는 것도 있겠지만 그럴 수 없는 것도 있기에 내 마음이 가장 중요하다. 이럴 때는 정말이지 사람들이 앞머리를 고민하는 내게 말하는 것처럼 이미 답이 정해져 있었으면 좋겠다. 가끔은 최고의 선택이었고 어느 땐 최악의 선택인 순간들이 있었다. 인생의 수많은 앞머리 같은 고민 앞에서 망설이는 나를 위해 오늘보다 조금 더 현명해지길……. 나중에 떠올려 봤을 때 '그래 그때 내가 하고 싶은 대로 그렇게 하길 잘했어.'라고 나를 칭찬할 수 있는 순간들이 갈수록 많아지길 기대해 본다.

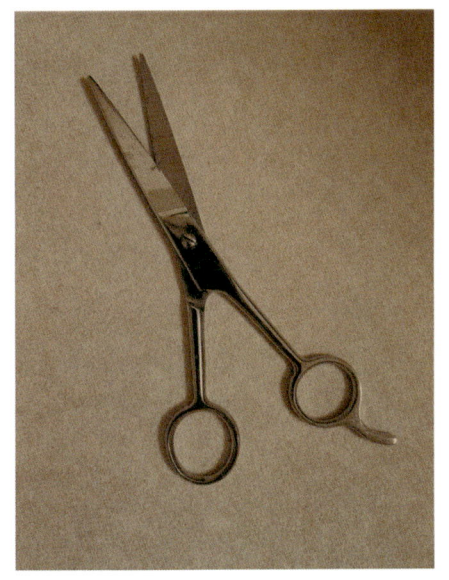

하얀 울음

서점 앞에 흰 고양이가 있다. 사람을 보고도 숨지 않는 것이 길고양이가 아닌가 보다. 털 정리가 된 날씬한 모습이 미용을 받은 흔적인 듯하다. 녀석이 서점 앞 의자에 주인처럼 앉는다. 녀석과 나는 눈이 마주친다. 그 순간 흰 고양이가 울기 시작한다. 가까이서 본 녀석의 얼굴은 꾀죄죄하고 창백하다. 눈물 콧물을 흘리며 울다 지친 아이의 얼굴처럼 슬픔이 말라 있다. 누군가가 너를 버렸구나. 버려졌구나…….

고양이의 울음소리가 발목을 잡는다. 의자에서 뛰어내린 녀석이 내 다리에 얼굴을 비빈다. 비비면서 울고 울면서 계속 비빈다. 이 고양이는 분명 강아지와 한집에 산 것 같다. 내게서 강아지 냄새를 맡은 것이다. 강아지를 키우는 내가 반가운가 보다. 자세히 보니 얼굴에서 꼬리까지 온몸에 피부병과 함께 크고 작은 상처가 있다. 몸집은 굶주림이 습관이 된 듯 메말라 있다.

보통 고양이는 인간을 피한다. 특히 길고양이들은 인간을 두려워한다. 울면서 내 다리에 온몸을 비비는 이 아이는 인간인 나를 반가워하고 있다. 사람에게 길들었다는 표시이다. 사람밖에 모른다는 이야기이다. 이 아이는 사람과 살았기에 길고양이들과 함께 살 수 없다는 것이다. 아마 동네 고양이들이 밥을 나눠주지 않은 것 같다. 메마른 몸이 그렇다고 말하는 듯하다.

누군가가 버린 사랑이 아프게 운다. 사랑을 받았기에 그 사랑을 찾기 위해 울음으로 살고 있다. 서점 앞에서 우는 것은 어쩌면 사람들이 들락거리는 이곳에서 가족을 찾을 수 있다는 희망 때문인지도 모른다. 녀석이 할 수 있는 마지막 몸부림이기에 사람을 피하지 않고 가까이에 오는 것이다. 희망이 실망으로 변하는 순간 사람을 피하고 울음을 삼키며 몸을 숨길 것이다. 들고양이처럼 어둠 속으로만 다닐 것이다. 사람을 미워하면서 인간을 무서워하면서 그늘 속으로 들어갈 것이다. 밝은 낮에, 아직 희망을 품고 울고 있을 때 도움을 받고 주인을 찾아야 할 텐데, 마음이 무겁다. 고양이의 가냘픈 울음소리가 목에 가시처럼 박힌다.

4부

엄마, 그리움에 꽃을 피운다

'　　　　인터넷으로 우뭇가사리묵을 다시 주문한다.　　　　'
세상을 떠난 어머니의 사랑도 다시 주문할 수 있다면 얼마나 좋을까.
내가 진짜 먹고 싶은 것이 천초묵인지 어머니의 사랑인지.
주문도 하지 않은 서러움이 마음에 담긴다.

커피와 할머니

"캐러멜 마키아토 따뜻한 거 하나, 큰 사이즈로 테이크아웃이요."
"가면서 식지 않을까?"
"괜찮아. 집에 가서 전자레인지에 데워 드리면 돼."
지금의 남편이 남자 친구였던 때, 결혼을 결심하고 남자 친구의 외할머니 댁에 처음으로 인사를 드리러 가던 날이었다. 오빠는 휴게소 카페에 들러 '캐러멜 마키아토' 한 잔을 사서 가자고 했다. 나는 아메리카노만 마시던 오빠가 갑자기 웬 캐러멜 마키아토를 먹겠다고 그러는지 의아해 물었다. 그러자 본인이 마실 것이 아니라 할머니가 좋아하셔서 댁에 들를 때마다 사서 간다는 것이었다. 그렇다. 외할머니 댁에서 가장 가까운 카페, 고속도로 마지막 휴게소 카페에서 사는 캐러멜 마키아토는 손자가 늘 잊지 않고 챙기는 할머니의 소소한 취향이었다. 결혼 전 집안의 어르신께 인사를 가는 것은 나에게도 너무 떨리는 일이었지만 엄마도 무척 신경이 쓰였는지 가기 전부터 떡이며 음식이며 이것저것 손에 쥐여 보냈다. 그래서 나는 물론 오빠까지 양손 가득 짐이 많았지만, 그 와중에도 포장해 온 캐러멜 마키아토가 흐를세라 조심조심 들고 가던 오빠의 뒷모습이 아직도 선명하다. 큰 덩치에 어울리지 않게 할머니의 취향을 보물처럼 들고 가던 여전히 할머니에게는 아이 같은 손자의 뒷모습. 도착하여 캐러멜 마키아토를 컵에 덜어 전자레인지에 데워드리니 주름지신 손으로 따듯해진 커피잔을 매만지시며 참 달고 맛있다며 해맑게 웃으시던 외할머님의 모습. 그 모습을 보자니 익숙한 누군가가 떠올랐다. 바로 나의 할머니였다.

나는 태어날 때부터 할머니와 함께 살았다. 그래서 내 기억의 대부분에는 할머니가 있다. 지금 생각해 보면 시어머니와 함께 사는 것이 며느리였던 엄마에게는 꽤 쉽지 않은 일이었다는 것을 며느리가 되어보니 알게 되었다. 그런 엄마에게는 미안하지만 나는 다시 태어나도 할머니와 살고 싶다. 그만큼 할머니가 좋다. 먹고 싶은 게 생겼다 하면 그게 설령 처음 들어본 음식이라도 어디서 알아내셨는지 그 요리를 뚝딱 맛있게 해주시던, 음식 솜씨가 무척 좋으셨던 우리 할머니. 학교 준비물을 빼놓고 간 주제에 되레 지금 당장 가져다 달라고 떼쓰는 손녀의 철없는 전화에도 쏜살같이 달려와 주시던 슈퍼맨 같던 우리 할머니. 대학교 졸업사진을 찍었다며 보여주자, 핸드폰 액정 화면으로 해두고는 매일 열어 보시던 우리 할머니. 그렇게 나는 어려서부터 성인이 될 때까지 할머니의 넘치는 사랑을 받고 자랐다.

하지만 영원히 함께 있을 것만 같던 할머니는 4년 전 우리 곁을 떠나셨다. 할머니는 당연히 내가 결혼하고 아이까지 낳는 모습을 볼 거로 생각했기에, 내가 상상했던 수많은 미래의 장면들에는 당연히 할머니가 있었기에 너무 큰 슬픔이고 충격이었다. 그날도 여느 때와 같이 서울에서 뮤지컬 웨딩 아르바이트를 하는 중이었다. 일이 끝나고 동료 언니, 오빠들과 근처에서 늦은 점심을 먹고 있는데 엄마에게서 전화가 왔다. 할머니가 응급실에 가셨다는 것이다. 너무 놀란 나는 밥을 먹다 말고 식당을 뛰쳐나와 자취방으로 갔다. 급하게 당진집으로 갈 짐을 챙겨 가장 빠른 고속버스 시간을 예약하고 터미널로 향했다. 터미널로 향하는 택시에서 엄마가 위급한 것은 아니니 너무 걱정하지 말고 조심히 내려오라고 했는데 그 말에도 나는 진정이 되지 않았다. 심장은 계속 두근거렸고 온몸이 미세하게 떨렸다. 온갖 나쁜 경우의 수가 머릿속을 헤집어 놓았다. 그렇게 10시간 반 같던 1시간 반을 달려 집에 도착했고 아빠와 함께 응급실에서 할머니를 본 뒤에야 진정이 되었다.

할머니는 몇 달 전부터 다리를 다쳐 집에서도 거의 눕거나 앉아서 생활하셨다. 그러니 몸에 근육이 점점 빠지고 기력이 쇠해지셨다. 연세가 많으신 분들에게는 작은 부상도 치명적이라는 것을 그때 알았다. 그러던 중 아침에 엄마가 할머니를 깨우러 방에 갔는데 아무리 불러도 할머니가 깨지 않으시자 깜짝 놀란 엄마가 아빠를 불러 할머니를 응급실로 모셔 온 것이었다. 다행히 할머니는 다시 의식을 차리셔서 당진까지 달려온 날 알아보시며 내 손을 쓰다듬으며 웃으셨다. 하지만 의식은 찾으셨지만, 여전히 기력이 없는 할머니는 응급실에 더 입원해 계셔야 했다. 나는 서울의 다른 일정들을 취소하고 집에 있기로 했다. 그 뒤로 사실 며칠이나 내가 집에 있었는지 잘 기억나지 않는다. 그저 몇몇 기억이 영화 속의 장면들처럼 떠오를 뿐이다. 매일 할머니의 면회를 하러 갔고, 할머니가 옆에 있는 다른 할머니의 모자가 이쁘다며 비슷한 걸 사달라 해서 특별히 할머니가 좋아하는 보랏빛의 털모자를 사드렸다. 그리고 퇴원을 허락받은 할머니가 집에 돌아온 날 간만에 본인의 침대에서 편안히 낮잠을 주무시는 걸 지켜봤고, 깨어나신 뒤에는 쿠키랑 같이 할머니와 짧은 수다를 떨었다. 그러다 그날 저녁 할머니는 갑자기 쇼크가 와서 호흡을 거칠게 쉬시더니 우리에게 마지막 작별을 고했다. 그 이후로는 몇몇 장면들은 더욱더 조각나서 스쳐 지나간다. 엄마가 할머니에게 심폐소생술을 하던 모습, 마지막으로 할머니의 손을 잡고 울던 아빠의 모습, 나였는지 누구였는지 모를 목소리가 119에 대체 언제쯤 오냐고 재촉하던 목소리, 그 뒤로 이어진 할머니의 장례식. 4년이 지난 지금은 강렬했던 몇몇 장면들 빼고는 모든 것이 뒤엉켜 기억난다.

할머니가 돌아가시고 처음 몇 년은 핸드폰 속에 저장된 할머니와 찍은 사진들을 마음의 준비 없이 마주하게 될 때마다 눈물이 났다. 그런데 이제는 슬며시 웃음 지을 수 있다. 할머니와 좋았던 기억이 더 선명하게 남아있기에. 인간은 망각의 동물이라더니 나도 조금씩 슬픈 것은 잊어가나 보다. 4년은 모든 것을 잊기에는 짧은 시간이고 모든 것을 기억하기에는 긴 시간이라는 것을 새삼 느낀다. 가끔은 꿈에도 할머니가 나온다. 어릴 때 내가 보던 할머니의 모습으로 놀러 오시기도 하고 아픈 모습으로 다리를 다쳐 앉아서 나를 부르시기도 한다. 어떤 모습이든 꿈에서 할머니를 보면 반갑다. 이런 이야기를 아빠에게 하자 본인 꿈에는 한 번도 안 나오셨다며 투덜거렸다. 역시 할머니는 아들보다는 손녀가 더 보고 싶었던 거라며 아빠를 놀렸다. 할머니가 돌아가시고 여러 후회를 한다. 과거의 내가 할머니에게 했던 것들과 하지 않았던 것들을 번갈아 후회해 본다.

한 번은 시간을 돌려 할머니를 딱 하루 만날 수 있다면 뭘 해보고 싶냐는 주제로 오빠와 이야기를 해본 적이 있다. 나는 그때 할머니랑 예쁜 카페에 가서 데이트하고 싶다고 했다. 생각해 보니 내가 성인이 된 뒤 할머니와 카페를 한 번도 가보지 않았다는 게 떠올랐기 때문이다. 친구들이랑은 매일 가는 곳을, 엄마와도 가끔 가면서 왜 할머니랑은 같이 갈 생각을 못 했을까. 별거 아닌데 괜히 죄송스럽다. 그래서 혼자 상상한다. 예쁜 카페에 들어서면 펼쳐지는 멋진 풍경에 놀라는 할머니. 여기가 요즘 젊은 사람들이 많이 오는 곳이라며, 손녀 덕에 이런 곳도 와보는 거라며 생색내는 나. 나는 아메리카노, 할머니는 캐러멜 마키아토를 시키고 한입씩 맛보는 우리. 캐러멜 마키아토가 참 달고 맛있다며 아이처럼 웃는 할머니. 내 것도 한입 마셔보라 건네자, 아메리카노를 먹고선 이 쓴 걸 돈 주고 먹냐며 인상을 찌푸리는 할머니. 그러다 주문한 조각 케이크가 나오고 그 위에 놓인 블루베리를 보며 내가 좋아하는 보라색이라며 포크로 콕 찍어 입에 쏙 넣을 우리 할머니.

김지인

어머니가 해준 천초묵

'이럴 수가 아까워서 어떡해…….'
 며칠 전에 인터넷으로 우뭇가사리묵을 샀다. 배송비가 아까워서 양을 조금 넉넉하게 주문했다. 막상 도착한 것을 보니 먹을 사람이 남편과 나뿐이라 빨리 다 먹지 못할 것 같았다. 그래서 두 통은 냉장고에, 세 통은 냉동실에 넣었다. 한 통을 저녁 밥상에 올렸다. 인터넷으로 처음 구매한 묵이라 맛이 어떨지 몰라 망설였는데 생각보다 맛있었다. 밤에 간식으로 한 통을 또 먹었다. 우리는 하루 만에 우뭇가사리묵 두 통을 먹어버렸다.
 냉동실에 얼려놓은 묵을 다 꺼냈다. 해동되자마자 뚜껑을 열어 보았다. 세상에! 얼음만 녹은 게 아니었다. 묵도 다 녹아내리고 있었다. 묵이 녹는 것을 처음 보았다. 내가 어릴 때 냉장고는 냉동실이 아주 작았다. 그 작은 냉동실에서 얼음을 많이 만들기 위해 어머니는 국대접에 물을 담아 냉동실에서 얼렸다. 그릇 모양의 큰 얼음이 녹는 모양은 마치 한쪽 살은 먹고 뼈가 덩그러니 보이는 생선 같았고 먹다 만 수박 같았다. 지금 내 눈앞에 있는 우뭇가사리묵이 뼈만 남은 생선 같고 먹다 만 수박처럼 비실비실한 모습이다. 손으로 살짝 건드리기만 하면 바로 내려앉을 것처럼 탱글탱글함은 다 사라진 껍데기만 있다. 놀란 나는 나머지 통도 다 열어 보았다. 통마다 묵은 얼음처럼 녹아

있었다. '묵사발'이라는 단어가 떠올랐다. 묵을 담은 사발이 아닌 누군가에게 맞아서 엉망이 된 묵사발. 묵사발 난 내 마음을 보는 것 같았다. 갑자기 돌아가신 어머니가 보고 싶어졌다.

어머니는 여름만 되면 천초로 묵을 만들어주었다. 우리 동네에서는 해초인 우뭇가사리를 천초라고 불렀다. 그 묵을 곱게 썰어 콩국수처럼 콩물에 넣어 먹거나 오이냉국처럼 만들어 먹기도 했다. 나는 콩물이나 냉국보다는 묵을 그냥 회처럼 큼직하게 썰어 초고추장에 찍어 먹는 걸 좋아한다. 그렇게 먹으면 묵은 금방 사라진다. 언니들도 초고추장에 찍어 먹는 것을 좋아해서 어머니는 한 번 만들 때 정말 아주 많이 만들었다.

더운 여름날 시골집 부엌에서 땀 흘리며 부지런히 천초를 삶고 또 삶았을 어머니. 천초묵을 먹지 못한 여름을 여러 해를 보내고 나니, 다시는 먹을 수 없는 그리운 음식이 되고 나니, 더운 여름 뜨거운 불 앞에서 흘렸을 어머니의 땀이 생각난다. 맛있는 묵 앞에 밀려나 버린 어머니. 그땐 왜 고맙다는 말을 못 했을까. 너무 당연하게 여긴 어머니의 마음. 내가 여름날 자식들을 위해 사골을 고아 보니 알게 되었다.

유난히 더운 올해, 매일 에어컨을 켜고 살다 보니 어머니가 해준 천초묵이 생각났다. 그것을 먹고 나면 더워도 괜찮을 것 같은 기분이 들었다. 어머니 살아계실 때 만드는 법을 배워놓을걸, 후회가 밀려왔다. 직접 만들 자신은 없고 먹고는 싶고……. 나를 위해 천초묵을 해줄 사람이 없다는 것이 서럽게 느껴지는 걸 보니 나도 나이를 먹었나 보다. 늙으면 자주 서러워진다는 말이 생각났다.

인터넷으로 우뭇가사리묵을 다시 주문한다. 세상을 떠난 어머니의 사랑도 다시 주문할 수 있다면 얼마나 좋을까. 내가 진짜 먹고 싶은 것이 천초묵인지 어머니의 사랑인지. 주문도 하지 않은 서러움이 마음에 담긴다.

비바람에도 가지를 뻗는 나무처럼

　아이들과 함께 그림책 놀이 수업한 지 오래되었다. 그동안 여러 곳에서 많은 아이들을 만났다. 아이들은 늘 나를 성장시키는 어린 스승이 되어주었다. 생각지도 못한 질문을 하는 덕분에 돌발 행동해 준 덕분에 나는 더 열심히 준비하는 사람이 될 수밖에 없었다. 서로의 한계를 인정하고 우리는 실수하면서 자란다는 것을 받아들였다. 그래서 수업 전에는 늘 기도하는 습관이 생겼다.

　스승 중에 유독 기억에 남는 이가 있다. 그날도 정신없이 수업할 때였다. 태권도 도복을 입은 아이가 들어왔다. 처음 보는 얼굴이었다. 아동센터는 학년별로 아이들이 오는 시간이 달랐다. 또 아이들의 흥미에 따라 수업에 참여하는 경우가 많았다. 하고 싶다는 아이는 모두 할 수 있도록 준비물을 여유 있게 가지고 다녔다. 시작하려고 할 때 또 다른 아이 한 명이 들어왔다. 그 아이는 선생님의 손에 이끌려 어쩔 수 없이 하게 되었다. 모자를 푹 눌러쓰곤 자리에 앉았다. 그림책을 읽어주고 서로 이야기를 나누고 활동으로 나무를 그렸다. 눈에 띄는 그림이 있었다. 한 아이는 도끼가 나무를 찍는 그림을 그렸고 한 아이는 물에 비친 나무를 그렸다. 미술 심리에서는 나무는 자신을 표현한다고 했다. 두 아이의 마음이 보였다.

　물에 비친 나무를 그린 아이의 그림을 보았다. 땅에 선 나무는 살짝만 건드려도 넘어질 것처럼 기우뚱하게 그리고 물에 비친 모습은 반듯하게 그렸다. 위태로운 나무보다 물에 비친 나무를 더 푸르게 색칠했다. 그림을 보고는 아이를 봤다. 태권도를 좋아한다는 아이의 표정이 의젓해 보였다. 다문화 가정에서 자라는 아이였다. 센터에는 다문화 가정의 아이들이 많았다. 그림을 보고 칭찬해 주었다. 반듯하게 자라나려고 애쓰는 마음이 기특하다고 말해주었다. 그리고 너는 이미 반듯하게 잘 자라고 있다고 얘기해 주었다. 물을 보고도 거울로 삼아 자신을 비추는 마음은 누구나 하는 마음이 아니라고 해주었다. 스스로 자기를 돌본다면 너는 푸르고 튼튼한 나무가 될 거라고 말해주었다. 마지막으로 힘들면 쉬는 마음도 필요하다고 말하니 아이도 안다고 했다. 나는 '역시'라는 추임새와 함께 두 손으로 엄지척을 해주었다. 의젓하던 표정은 사라지고 아이는 초등학생답게 환하게 웃었다.

    나무에 도끼를 그린 아이와 둘이 남게 되었다. 아이와 이야기하고 싶어 마지막 순서로 했다. 다른 아이들이 있으면 말하지 않기에 둘만 남았을 때 그림을 보면서 활동했다. 도끼의 주인은 누구냐고 물어보았다. 아이는 나무꾼이라고 대답했다. 그러면서 며칠 전에 있었던 이야기를 풀어놓았다. 아버지가 프라이팬으로 할머니 머리를 때리면서 야단을 쳤다는 것이다. 할머니는 맞을 짓을 했다며 자기에게 상한 음식을 먹여서 아버지한테 맞았다며 아이는 계속 이야기했다. 강아지가 맞은 것과 음식이 상한 것도 모르는 할머니 얘기를. 자기는 강아지가 너무 좋다고 말하면서 한참을 강아지 얘기를 했다. 아이의 환경이 걱정되었다. 아이는 남 얘기하듯 밝은 표정으로 말했고 듣는 나는 걱정스러운 마음 감추기에 바빴다. 늘 고개 숙이고 표정을 보여주지 않던 아이가 재미있는 얘기 하듯 가정폭력을 말하는 모습이 안쓰러웠다.

  아이의 이야기를 가만히 들어주었다. '정말, 와, 그랬구나' 같은 추임새를 넣어주니 아이는 더 신나서 말을 쏟아냈다. 이야기를 끝낸 아이가 웃었다. 그 아이가 웃는 모습은 그때 처음 보았다. 다음에 또 수업하고 싶다면서 좋아했다. 나도 같이하고 싶다고 말하면서 아이를 안아주었다. 그리고 그 아이와 몇 번을 같이 수업했다. 아이는 수업 때면 표정이 밝아지고 얘기를 잘했다. 센터장님은 아이의 그런 변화를 긍정적으로 보고 좋아했다. 밝게 자라려고 애쓰는 아이가 대견스러웠다. 그러다 어느 날부터 아이는 센터에 오지 않게 되었다. 센터에 갈 때마다 그 아이가 생각난다. 어디에서 살든 아픈 상처보다는 좋은 추억을 많이 만들면서 건강하게 자라길 기도하게 된다. 비바람에도 가지를 뻗는 나무처럼. 그 나무에 도끼가 아닌 꽃이 피길 응원한다.

카페인

오래전의 나는 카페인 중독이었다. 흔히 말하는 '카페인 수혈'이 당연히 필요했던 사람. 물 대신 아이스 아메리카노를 마셨고 하루에 2~3잔씩 마시는 날도 꽤 있었다. 대학생 때는 밤을 새워서 공부해야 하는 일이 많았고 시간이 지나서는 밤을 새워 작업을 해야 하는 일이 많아졌다. 밤을 새우는 게 나에게 필수 불가결인 일이 되어가던 그 시절, 무엇보다 오랫동안 정신을 맑게 유지하는 것이 중요했으며 그것은 내가 카페인 중독이 되어야 하는 나름의 정당한 이유가 되었다. 또 그 무렵 빈속에 아메리카노를 마시면 카페인이 심장을 뛰게 만들어 살을 빠지게 해 준다는 이야기를 들었던 나는 날씬한 몸매를 위해서 '1일 1 아메리카노'를 열심히 실천했다. 더욱이 그때는 커피를 마시고도 쉬이 낮잠을 잘 수 있었기에 카페인을 멀리할 이유가 없었다. 나는 신나게 카페인 중독자 생활을 즐겼다. 아메리카노부터 초콜릿, 연유, 바닐라 등 온갖 첨가물을 넣은 달달한 커피까지. 혀와 심장은 쏟아지는 달콤함과 카페인에 지루할 틈이 없었다.

그러던 내가 더는 카페인을 마시지 않겠다고 선언한 것은 불과 1년 전이다. 여느 때처럼 친구들과 카페에서 맛있는 커피를 마시고 한창 수다를 떨다 집으로 돌아왔는데, 속이 울렁거렸다. 증상의 이유가 커피라는 것은 꿈에도 몰랐던 나는 그저 말을 많이 해 배가 고픈가 싶어 집에 있는 빵을 집어 먹었다. 하지만 속은 여전히 울렁거렸고 배탈이 난 것처럼 화장실을 들락거렸다. 급하게 핸드폰을 켜 검색을 해보니 의외로 '커피 울렁거림', '카페인 울렁거림'과 관련된 글들이 많이 있었다. 카페인을 과도하게 섭취하면 울렁거림이 있을 수 있다는 것이다. 나는 여태껏 멀쩡하게 카페인을 받아들이던 내 몸이 무슨 변덕이 들어 갑자기 카페인을 거부하는지 이해할 수가 없었다. 몸이 그렇다 해도 카페인 사랑을 쉽게 말리지 못했다.

문제는 점점 밤에 잠들지 못하면서 시작되었다. 예전만큼 밤을 새우지 않아도 될 때, 오히려 다음날 중요한 일정을 위해 숙면이 필요할 때 낮에 먹은 커피 때문에 며칠을 잠들지 못했다. 앞서 말했듯이 커피를 마시고도 바로 낮잠을 자던 나였기에 당황스러웠다. 귓가에서 심장이 뛰는 소리가 들릴 때도 있었으며 너무 각성이 된 탓일까, 머릿속에는 생각들이 끊임없이 부유했다. 가깝게는 내일 할 일들이 머릿속을 시끄럽게 떠돌아다녔으며 멀리는 일 년 뒤, 더 나아가 어쩌면 전혀 일어나지 않을 그런 일들까지 생각났다. 좋은 생각만 나는 것이 아니었기에 가끔은 굳이 하지 않아도 될 걱정을 꼬리를 물어가며 해댔다. '내일 할 건 뭐였더라?'에서 시작된 생각이 '내가 과연 행복할 수 있을까?'로 끝나버리곤 했다. 안 그래도 잠들지 못해 조급하고 짜증 난 마음은 불안함마저 짙어진 채 끙끙거렸다. 그렇게 낮에 먹은 카페인이라는 작은 나비의 날갯짓이 한밤중에 우울감이라는 태풍을 불러일으켜 나를 괴롭혔다. 증상은 밤뿐만 아니라 낮에도 종종 나타났다. 커피를 마시면 심장이 쿵쿵

뛰고 약간 흥분된 느낌으로 마음이 들떴다. 전에는 이것이 내 정신을 맑게 해주고 에너지를 넘치게 해준다고 느꼈지만, 어느 순간부터 그 느낌에 내가 사로잡혀 멍해지는 기분이었다. 또 손과 몸이 조금씩 떨리기 시작했고 심할 때는 목소리도 떨렸다. 점점 사태의 심각성을 인지한 나는 카페인 중단을 선언했다.

하지만 어떤 중독이든 그것을 끊어내기가 어려운 것처럼 '카페인 중독' 역시 쉽게 볼 녀석이 아니었다. 커피를 마시지 않으면 하루가 쳐지는 기분이 들었고 신이 나지 않았다. 가끔은 이유를 알 수 없는 두통이 오기도 했다. 무언가의 중독이 되는 것은 한순간인데 그것을 벗어나는 것은 왜 이리도 쉽지 않을까. 그리고 문제는 하나 더 있었다. 의외로 우리 일상 곳곳에 카페인이 들어있다는 것이다. 온갖 커피는 물론 콜라와 초콜릿에도 카페인이 들어있음을 나는 최근에 알았다. 그래도 요즘에는 디카페인 커피를 파는 곳이 늘어서 조금은 다행이다. 카페에서 주문할 때 나는 버릇처럼 "디카페인 돼요?"를 묻는다.

이런 노력에도 불구하고 나는 슬프게도 번번이 실패와 도전을 반복한다. 매번 주변 사람들에게 "나 이제 카페인 끊었어."라고 말하지만 보란 듯이 커피를 마시고 뜬눈으로 밤을 새우며 후회하기를 반복한다. 그럴 때마다 카페인 하나 끊어내지 못하는 자신이 조금 한심해진다. 약하디약한 정신력 앞에서 한숨이 절로 나온다. 어떻게 보면 카페인은 목숨에 직결될 정도로 심각하거나 위험한 문제는 아니다. 적당히 하루에 한 잔 정도 마시면 그만이다. 그런데 왜 나는 오기가 생길까. 어느새

'카페인 끊기'는 단순히 카페인을 안 먹는 것에서 더 나아가 내 정신력과 절제력을 시험하는 것이 되어갔다. 나에게는 특별한 의미를 가진 도전이 되어버린 셈이다.

지금도 잔뜩 물을 먹은 수건처럼 카페인에 절인 내 일상을 수없이 말렸다 다시 적시기를 반복하고 있다. 이런 모습이 누군가에게는 한심하고 별 볼 일 없겠지만 그래도 언젠가 '탈카페인'에 성공해서 내 정신력을 자축하는 순간이 오기를 바란다.

간헐적 단식

오늘은 한 끼만 먹었다. 내일 점심때까지 물만 마실 생각이다. 24시간 단식은 이번이 두 번째이다. 생각보다 할 만하다. 20시간이 넘으면 약간 배고픔을 느낀다. 그럴 때는 물을 마시면 괜찮아진다. '물은 마음에도 좋을 수 있어.'라고 말한 어린왕자처럼 나도 물을 마시며 몸과 마음을 달랜다. 간헐적 단식을 하게 된 것은 코로나19 때문이다.

지난 2월에 코로나19 때문에 약을 달고 살았다. 코로나 후유증으로 코감기와 목감기가 번갈아 가며 재발해서 약을 4개월간 먹었다. 너무 오래 약을 먹는 것 같아 멈췄지만, 몸은 예전 같지 않았다. 체중은 늘었지만, 체력은 바닥이었다. 조금만 움직이면 피곤했다. 피곤하면 또 감기에 걸릴까, 겁이 났다. 그래서 몸에 좋은 영양제를 열심히 먹었다. 영양제 덕분에 식욕은 왕성해서 삼시 세끼를 다 챙겨 먹고 간식까지 먹었다. 잘 먹으면 체력이 좋아질 줄 알았는데 그게 아니었다. 체중만 늘어났다. 피곤하다는 핑계로 운동은 하지 않고 먹는 거로 해결하려고 한 잔꾀가 나를 더 힘들게 만들었다. 소화불량과 역류성 식도염을 달고 다녔다. 편의점에서 파는 소화제를 한 번에 세 병을 마셔야만 조금 나아졌다. 예전에는 두 병이면 괜찮았는데 지금은 세 병을 마셔도 편하지 않다. 나이가 들수록 소화력이 떨어진다는 걸 느낄 수 있었다.

그때 마침 지인이 간헐적 단식을 알려주었다. 보내준 유튜브를 보니 단식을 한 사람들의 경험담이 있었다. 그들의 공통점은 단식 전보다 더 건강해졌다는 것이다. 나도 건강을 위해 따라 해 보기로 했다. 단식하기 전에 먹지 말아야 하는 게 있었다. 내가 좋아하는 밀가루였다. 나는 면을 정말 좋아한다. 간편하게 먹을 수 있는 컵라면을 젤 좋아한다. 둘째 임신했을 때 라면을 너무 많이 먹어서 아들이 아토피인 것 같아 미안할 정도였다. 텔레비전에서 유재석이 라면을 먹는 모습을 볼 때마다 기분이 좋았다. 왠지 라면은 나쁜 음식이 아니라고 말하는 것 같았기 때문이다. 그런 라면을 먹지 말아야 한다고 생각하니 간헐적 단식은 시작도 못 할 것 같았다.

하루를 망설이다 소화제를 물처럼 마시면서 결심했다. 좋아하는 라면을 포기하고 건강을 찾기로 마음먹었다. 유튜브에서 말한 대로 밀가루, 설탕, 기름, 튀김 네 가지를 먹지 않을 것이다. 어쩔 수 없는 상황에서는 몰라도 집에서는 최대한 피하기로 했다. 시작 첫날에는 점심과 저녁 두 끼만 먹었다. 저녁 이후에는 물만 마셨다. 다음 날 점심 먹기 전까지 18시간 공복을 유지하기 위해 저녁은 6시 30분에는 끝냈다. 그래야만 점심을 12시 반에는 먹을 수 있기 때문이다. 단식하기 전에는 아침을 먹지 않으면 일을 할 수 없는 줄 알았다. 아침에 수업이 있을 때 밥 안 먹고 말을 많이 하면 큰일이 나는 줄 알았다. 예전에는 한 끼를 굶으면 손이 떨렸다. 그런데 그건 내 몸이 말하는 가짜 허기 증상이라는 것이다. 물을 마시면 되는 것이었다.

생각을 달리하니 몸도 달라졌다. 배가 고프지 않았다. 하루에 두 끼를 먹고 공복시간을 길게 하니 체력이 좋아졌다. 집에서 하는 가벼운 운동에도 지치지 않았다. 움직이면 피곤해서 낮잠을 자던 습관이 사라졌다. 밥보다 채소를 많이 먹으니, 포만감도 있고 속도 편했다. 18시간 만에 먹는 점심은 뭘 먹어도 맛있었다. 음식 자체가 고맙다는 것을 처음으로 느꼈다. 예전에는 음식을 해준 사람이 고마웠고 먹을 수 있는 상황이 고마웠다면 지금은 음식 그 자체가 고마운 존재라는 걸 알게 되었다. 내가 먹는 음식 재료도 한땐 살아있던 존재였다는 것, 그런 생명이 나를 위해 희생했다는 것을 깨닫게 되었다.

'희생'이라는 단어를 생각하게 되니 허투루 먹을 수도 없고 버릴 수도 없었다. 그리고 고마운 마음으로 잘 살아야겠다는 생각까지 하게 되었다. 간헐적 단식을 하면 할수록 감사하는 마음이 더 생긴다. 왠지 순한 생명을 먹은 내가 순해지는 느낌을 받게 된다. 24시간 공복을 마무리하면서 물을 마신다. 식탁에 채소를 놓고 감사한 마음으로 밥을 먹는다. 누군가가 정성껏 키운 순한 생명을 고마운 마음으로 먹으니, 몸과 마음에 생기가 돈다. 간헐적 단식 덕분에 마음으로 밥을 먹을 수 있게 되어 기쁘다. 시작한 지 삼 개월 만에 칠 킬로그램을 감량했다. 몸과 마음이 한결 가벼워졌다.

삽질 인생

요즘 푹 빠진 게 있다. 그것만 붙잡고 있으면 시간 가는 줄 모른다. 밥을 안 먹어도 잠을 안 자도 좋다. 마치 신세계에 온 것처럼 신기하다. 아이패드로 그림을 그리는 게 재미있다. 지금 아이패드로 그림책 만들 그림을 그리고 있다. 나중에 세상에 내놓을 씨앗 같은 그림을 그리는 중이다. 마치 농부가 밭을 일궈 씨앗을 뿌리듯 패드에 선과 색으로 그림책이라는 밭을 만들고 있다. 그 작업을 하면 가슴이 뛴다.

작년에 얼떨결에 그림책을 만들었다. 출판한 것은 아니지만, 가제본하여 가지게 되었다. 내가 만든 그림책으로 아이들과 수업하니 반응이 좋았다. 나를 그림책 작가라며 좋아했다. 아이들은 책 속 주인공인 강아지와 고양이가 귀엽다면서 책을 사고 싶어 했다. 그 책을 보여주고 나서 너희도 이렇게 만들 수 있다고 말하면 아이들은 더 잘 이해하고 받아들였다. 내가 만든 첫 그림책을 아이들이 좋아할 때마다 책을 출판하는 그림책 작가가 되고 싶었다.

하지만 나는 똥손이다. 그림 그리는 솜씨가 없다. 수업 때 나는 그림을 못 그려서 아이들 기 살려주는 강사로 통한다. 아이들이 내게 그림을 그려달라고 할 때가 있다. 나는 솔직하게 너보다 더 못 그려도 괜찮냐고 물어본다. 그러면 아이는 정말 못 그리는지 칠판에 그려보라고 한다. 나는 사실을 증명하듯 칠판에 그린다. 내가 그리고 나면 아이는 이해했다는 듯이 자기가 그려보겠다고 말한다. 어떤 아이는 내 그림을 보고 자기가 더 잘 그릴 수 있다고 나 대신 그려주겠다고 나서기도 한다. 아이들은 내 그림 실력을 보고 나서는 하나같이 밝은 표정으로 열심히 종이에 그림을 그렸다. 나는 정말 아이들 기 살려주는 재주가 있다며 못난 똥손을 토닥였다. 그러던 내게 변화가 생겼다.

미술교습소에 다니게 되었다. 작년부터 월요일마다 그곳에서 그림을 배우고 있다. 처음에는 그림책 그림을 다 그릴 때까지만 다닐 생각으로 시작했다. 막상 배우다 보니 재미있었다. 과슈로 색을 만들고 입히는 과정이 좋았다. 이것저것 섞어서 색을 만들어 칠하는 작업이 흥미로웠다. 새로운 색을 만들기 위해 애쓴 고흐가 생각났다. 돈이 없던 고흐가 물감만은 아끼지 않고 사용한 마음을 이해할 수 있었다. 작은 종이에 점 찍듯 여러 색을 칠하다 보면 마치 내가 고흐가 된 것 같았다. 그 재미에 2년째 계속 다니고 있다. 아직은 그만둘 생각이 없다.

나는 삽질하는 것을 좋아한다. 예전에 글쓰기를 배우러 다닐 때도 어떤 사람은 내게 그거 배워서 어디에 써먹냐고 했다. 그 시간에 자격증을 따는 게 더 현실적이라고 충고했다. 막내가 아기 때부터 한 글쓰기 삽질은 지금도 계속하고 있다. 작년에는 그동안 삽질한 흔적을 모아 수필집을 냈다. 책 읽는 것을 좋아하는 나는 독서 모임을 여러 개 하고 있다. 독서 모임을 한다고 하면 어떤 사람은 내게 돈 안 되는 일을 너무 열심히 한다고 말한다. 그 시간이 아깝지 않냐고 묻는 사람도 있다. 사실은 남들 보기에 시간 낭비 같은 삽질이 나를 성장시켰다. 내게 책은 삶이라는 하늘에서 빛나는 북극성이다. 오십이 넘어 사이버 대학에 다닐 때도 어떤 이는 말했다. 그 나이에 그 돈 쓸 가치가 있냐고. 언제 투자한 돈 다 뽑냐고 너무 비싼 삽질 한다며 힘을 주어 말했다. 나는 할 말이 없었다. 삽질하는 것에 돈이 들 때도 있고 들지 않을 때도 있다. 돈만 생각하면 삽질은 할 수 없다. 그래서 나는 삽질하는 사람답게 돈을 생각하지 않는다. 그냥 할 수 있는 것에 감사할 뿐이다.

내가 좋아하는 그림책 중에 삽질을 이야기하는 책이 두 권 있다. 하나는 주인공이 혼자 삽질하면서 자신을 만나는 것이고 다른 하나는 친구와 함께 하면서 삽질 자체를 멋진 경험이라고 예찬하는 이야기이다. 아이들에게 친구와 삽질하는 책을 읽어주면 아이들은 주인공들이 다이아몬드를 찾지 못하는 것에 너무나도 안타까워한다. 나는 그런 아이들에게 내가 하는 그림 배우는 삽질을 이야기하면서 삽질 자체가 얼마나 즐거운지를 말해준다. 즐거워야 계속할 수 있고, 계속하다 보면 언젠가는 그림책 작가라는 다이아몬드를 찾을 수 있지 않을까. 아이들에게 글을 쓰면 종이가 땅이고 연필이 삽이 된다고 얘기해준다. 아이들은 참 순수하다. 선생이라는 이유만으로 내 말을 잘 받아준다. 우리는 삽질하는 인생을 위해 자기만의 삽을 만드는 활동을 한다.

내게 삽질은 바다에 있는 파도 같다. 쉼 없이 철썩거리며 파도가 바다를 말하듯이 내가 하는 삽질이 나를 말하고 있다. 그래서 오늘도 아이패드로 삽질하는 중이다. 그 순간 나는 자유롭다.

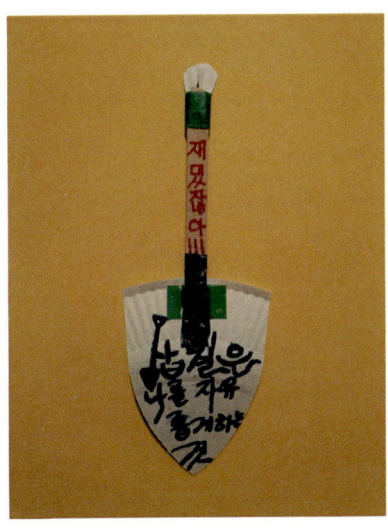

나의 겨울은 스키장에 있다

겨울에 스키장에 가는 것은 당연했던 적이 있다. 내가 초등학생이었을 때, 엄마와 아빠는 스키를 즐겨 탔다. 아마 두 사람만 스키를 좋아했다면 내가 그렇게 자주 스키장에 가지는 않았을 것이다. 엄마와 아빠 못지않게 스키를 좋아하는 이모네가 바로 집 근처에 살았다. 6남매 중 막내인 엄마의 바로 위에 언니 '수정이 이모네'가 바로 그 주인공이다. 그때 당시 나는 '수정이 이모'를 '수정이 이모'라고 부르지 않았다. 여자는 엄마가 되는 순간 자신의 이름을 잃어버리는 것처럼 나 역시도 '수정이 이모'를 '예지 이모'라고 불렀다. 나와 두 살 차이인 사촌 여동생 예지의 이름을 붙여서 말이다. 아무튼 예지 이모와 이모부는 엄마, 아빠와 평소에도 쿵짝이 잘 맞아 함께 운동을 즐겼는데 겨울이 되면서 자연스럽게 스키장도 함께 다니게 되었다. 그렇게 우리 가족과 예지 이모네는 스키장 정예 멤버들이 되었다.

포항에 살던 우리에게 강원도의 스키장은 굉장히 멀었다. 내 비게이션이 없던 시절 부모님은 지도에 의지한 채 길을 물어물어 스키장으로 향했다. 흐릿한 내 기억 속에도 조수석에 탄 엄마가 열심히 지도를 살피던 뒷모습이 있다. 보통은 5~6시간 정도 걸려서 스키장에 도착했다. 차가 막혀 고속도로가 주차장이 되어버릴 때면 길가에 뻥튀기를 팔던 아줌마가 등장했다. 요즘 말하는 드라이브 스루의 원조 격이라 할 수 있다. 뻥튀기 하나에도 뒷자리에 앉은 꼬마 승객들은 행복했다. 운전자인 아빠의 고단함은 모른 채 그저 뻥튀기를 요리조리 베어 물며 모양을 만들기 바빴다. 늦둥이 막냇동생이 태어나기 전에 스키장을 자주 갔으므로 당시 아빠의 세피아 뒷자리는 나와 남동생 그리고 할머니의 차지였다. 뒷자리 가득 뻥튀기 가루가 떨어지면 깔끔쟁이 할머니는 아빠가 혼낼세라 재빨리 부스러기를 털어내기에 바빴다.

   자주 갔던 스키장은 '무주 덕유산 리조트'와 고성의 '알프스 리조트'였다. 특히 알프스 리조트는 이모네와 함께 갈 때면 큰 방을 하나 빌렸었는데, 어린 나에게 그 방은 마치 궁전 같았다. 운동장만큼 넓은 거실에 체스판 같은 장판이 깔려있던 그곳이 아직도 생생하다. 그런데 어른이 되어 한 예능프로그램을 보던 중 우연히 알프스 리조트를 다시 보게 되었을 때 나는 큰 충격에 빠졌다. 추억이 가득한 그곳이 폐허가 되어 좀비들의 소굴이 되어있는 것이었다. 연예인들이 열심히 좀비를 피해 달리는 곳곳마다 행복했던 추억이 스쳐 지나가서 굉장히 기분이 묘했다. 내 기억은 아직 빛바래지 않았는데 빛바래다 못해 녹이 슨 슬로프와 곤돌라를 보니 세월의 흐름이 피부에 차갑게 와닿았다. 무주 덕유산 리조트는 다행히도 아직 영업 중이다. 무주 리조트에는 노천탕이 있었는데 스키장 슬로프 옆에서 온천을 하며 스키를 타는 사람들과 설경을 감상하는 것이 예술이었다. 한바탕 신나게 스키를 타고 탕에 뜨끈하게 몸을 녹이면 어린 나에게도 그곳이 천국이었다.

최근에 내가 언제 스키장에 갔나 떠올려 봤다. 한참 기억을 거슬러 올라가야 했다. 아마도 대학교 2학년 때, 그해 들어온 신입생 오리엔테이션에 참가하면서 갔던 게 마지막인 것 같다. 항상 가족들과 가던 스키장을 친구들과 가니 어색했다. 스키를 잘 타는 부모님 덕분에 의지와는 다르게 항상 고급 코스를 타던 나는 친구들을 배려하며 초급 코스에서 스키를 탔다. 조금 타다 보니 지루해져 금방 방으로 돌아왔던 기억이 난다. 취직하고 결혼하면서 거의 스키장에 가지 못했다. 겨울에 스키장을 가지 않는 것이 어색했던 적이 있었는데 이젠 그마저도 무뎌졌다. 남편은 나만큼 스키장을 자주 가지 않았다고 한다. 그래서 겨울에 스키장을 가는 것이 오히려 특별한 일이라고 한다. 나중에 아이가 생긴다면 아이를 핑계로 스키장을 가자고 해봐야겠다고 혼자 다짐한다.

　SNS를 보니 스키장에서 찍은 사진들이 가득하다. 비로소 겨울이 다가왔음을 느낀다. 올해도 스키장에 가기는 어려울 듯하다. 그래서 친구들의 사진으로 대리만족하려 한다. 새하얀 슬로프를 배경으로 알록달록 멋진 스키복을 입고 환하게 웃음 짓는 사람들이 행복해 보인다. 몸은 집에 있지만 마음은 벌써 스키장에 가 있는 것 같다. 내가 두고 온 어린 시절의 겨울이 그곳에 있다. 시간이 지나도 여전히 새하얗게 반짝이면서 말이다.

12월이 되면

　12월은 마음이 바쁜 달이다. 모든 수업이 마무리되는 때라서 이것저것 할 게 많다. 특히 책을 만들어야 한다. 아이들이 한 활동지를 책으로 묶어야 하기에 손이 많이 간다. 수업 때 아이들이 만든 손바닥보다 더 작은 이야기책을 A4 용지에 풀로 붙이는 작업을 해야 한다. 아이들이 붙인 종이가 잘 붙어있는지 확인도 하고 다시 손보는 작업을 해서 한 권씩 수작업으로 제본한다. 백 권 가까운 책을 손으로 만들다 보면 기계문명이 발달하기 전의 시대에 사는 가내수공업자 같다는 생각이 든다. 단순노동을 수없이 반복하면서도 딴생각할 수가 없다. 잠깐 딴생각하다 보면 실수하기 때문이다. 구멍 뚫을 위치를 잘못한다거나 넣어야 할 종이를 빼먹는 실수를 하게 된다. 그래서 확인하고 또 확인하면서 작업을 하다 보니 시간이 오래 걸린다.

　바쁜 손과는 달리 마음은 즐겁다. 책을 만들면서 아이들의 작품을 다시 보면 삐뚤삐뚤한 글자가 귀엽고 자유로운 그림이 좋아서 웃게 된다. 1학년부터 6학년까지 수업하다 보니 아이들의 성장을 한눈에 볼 수 있다. 하늘로 날아갈 것 같은 글자는 학년이 올라갈수록 땅에 뿌리를 내리고 그림도 더 세련되고 귀여워진다. 다만 제멋대로 자유롭게 그리던 그림이 점점 교복을 입듯 서로 비슷해진다는 것이 조금은 아쉽다. 그래도 아이의 순수한 마음이 그림에서 느껴져 작품을 보고 있으면 시냇물로 마음을 씻은 듯 맑아진다. 그래서인지 책을 만들어도 피곤하지가 않다. 같은 자세로 종일 작업을 했는데도 뭉친 근육이 금방 풀린다. 아이들의 글과 그림에서 좋은 에너지를 받아서 그런 것 같다.

책을 다 만들고 나면 상장을 만들 차례다. 상장으로 크게 칭찬하고 싶어서 만들었는데 아이들이 책만큼이나 좋아해서 계속하고 있다. 나도 아이들처럼 수료증보다는 상장을 더 좋아한다. 지금 생각해 보면 나는 학교 다닐 때 상장을 받아본 기억이 거의 없다. 한 번은 초등학생일 때 선생님이 내가 쓴 시를 보고 백일장에 나가라고 해서 간 적이 있다. 부끄럼 많고 소심한 난 처음 간 백일장 분위기에 많이 긴장했다. 그래서인지 악필인 글씨는 처음에는 작은 민들레꽃처럼 수줍게 하고 있더니 시간이 지날수록 심장박동이 더 크게 들릴수록 점점 홀씨가 되어 위로 날아올라 가고 있었다. 지우개로 글자를 지우고 다시 쓰기를 반복하다 보니 아무 생각도 안 나고 그럴수록 심장은 더 날뛰고 글자는 바람을 탄 듯 날아가고 시간은 자꾸 흐르고 어찌어찌하다 끝난 기억이 있다.

지금 내가 글을 쓸 수 있는 것은 기계문명 발달 덕분이다. 손으로 쓰지 않기에 가능하다. 난 지금도 여전히 악필이다. 컴퓨터 덕분에 글을 쓰고 상도 여러 번 받을 수 있었다. 상을 받는다는 것이 인정받는 것 같아서 마음이 뿌듯했다. 아이들도 스스로 자신을 자랑스럽게 생각하라고 책과 상장을 선물하고 있다. 선물은 받는 아이들만큼 준비하는 나도 행복하다. 그 선물에 내 마음이 담겨 있기 때문이다. 아이들의 표정을 보면 알 수 있다. 자신의 흔적이 담겨있는 책을 보면서 흐뭇해하기 때문이다. 특히 1, 2학년 아이들은 마무리할 때가 되면 시작할 때 한 활동지를 보면서 철자가 틀린 글자를 고치는 모습을 자주 보게 된다. 3, 4학년 여자아이들은 그림을 더 그리거나 색칠을 더 하는 경우가 있다. 그런 모습도 참 예쁘다.

    12월은 마음이 자라는 달이다. 아이들도 나도 한 해를 마무리하면서 자신을 돌아보고 스스로 칭찬하는 달이다. 나는 아이들에게 박수를 보내고 아이들은 친구에게 박수를 보는 달이기도 하다. 박수 소리를 듣고 마음은 더 잘 자랄 것이다.

별이 빛나는 밤에

　나는 그림책 놀이를 하는 사람이다. 아이들과 그림책을 읽고 놀이 활동을 하는 게 내 일이다. 수업을 위해 미리 자료를 만들기로 했다. 내가 만든 견본품을 보고 아이들이 더 잘 놀기를 바라며 종이컵에 물감을 발랐다. 검푸른 밤하늘에 달과 별을 그렸다. 고흐의 별이 빛나는 밤을 살짝 흉내 내 보았다. 다 그린 그림을 보니 저 멀리 기억 속에 잠자고 있던 어느 겨울밤이 생각났다.

　그날은 지방 소도시에 살던 우리 가족이 어머니를 뵈러 서울 동서네로 간 날이었다. 초등학생인 아이들이 서울 구경하고 싶다고 해서 동서네 부부와 함께 밤공기를 마시며 외출했다. 성탄 분위기로 서울의 풍경은 별이 빛나는 밤처럼 화려했다. 코엑스에 있는 영화관에 간 우리는 깜짝 놀랐다. 사람들이 너무 많아서 들어갈 수가 없었다. 그냥 집으로 갈 수는 없어서 서점으로 발길을 돌렸다. 역시 서울에 있는 서점은 크고 넓었다. 우리는 자기가 좋아하는 책을 찾아 뿔뿔이 흩어졌다. 3살인 막내아들만 내 옆에서 책을 구경하고 있었다.

　막내가 그림책을 열심히 보고 있었다. 아이들이 볼 수 있도록 새 책 위에 견본책이 여러 권 펼쳐져 있었다. 아들은 재미있는지 한참을 구경했다. 남편과 큰애들이 어디에 있는지 궁금해서 찾아보려고 할 때였다. 막내아들이 보던 책을 사달라는 것이다. 책 구경하고 집에 갈 때 사주겠다고 했다. 혹시나 먼저 샀다가 마음이 변해서 다른 책을 사겠다고 하면 안 될 것 같아서 서점을 나갈 때 사자고 달랬다.

그 말에 실망한 아들이 갑자기 울음을 터트렸다. 깜짝 놀란 나는 아들을 달래며 주변을 살폈다. 조용한 서점에 아들의 울음소리는 천둥소리처럼 크게 들렸다. 아이를 데리고 나가려고 하자 막내는 작은 손에 쥐고 있던 그림책을 품에 안고 울었다. 뺏기지 않으려고 소리를 더 크게 내고 있었다. 울음소리는 동서네와 우리 가족을 모두 불러 모았다. 주변의 따가운 시선이 온몸으로 느껴졌다. 그때부터 얼굴은 화끈거리고 심장은 사정없이 뛰기 시작했다.

결국 아들 품에 있던 책을 사주었다. 그것도 견본으로 내놓은 책을 새 책값을 주고 샀다. 아들이 원한 책은 여러 명이 만져서 그림책 한 장 한 장이 잘 펼쳐지는 견본품이었다. 아무리 얘기해도 소용이 없었다. 우는 아이를 빨리 데리고 나오려면 그 책을 살 수밖에. 견본책을 사겠다는 나를 어이없는 표정으로 보며 계산하던 직원만큼이나 나도 어이가 없었다. 표지에 붙은 '견본' 글자가 노랗게 빛나던 그 책을 손에 든 아들만 유일하게 웃었다. 막내를 업고 동서네로 걸어가던 그 겨울 밤하늘에도 별은 빛나고 있었다. 하늘의 별만큼 나는 생각에 생각을 더했다. 아들의 고집을, 내가 한 행동이 옳은 것인가를. 내 등에서 잠든 아들의 고른 숨소리를 느끼며 스스로 나를 위로했던 그 밤이 불현듯 생각났다. 이젠 추억이 된 그 일이 내 마음에 별빛처럼 빛나고 있다.

박은주

그런 막내아들이 지금은 이십 대 청년이 되었다. 자식을 다 키우고 나니 어린아이들이 더 예쁘게 보인다. 내가 만든 견본품을 보고 따라 그릴 아이들을 생각하니 벌써 보고 싶어진다. 수업 때의 초롱초롱한 아이들 눈빛이 별빛보다 더 반짝거린다. 그때도 지금도 나는 빛나는 별을 만나는 중이다.

달팽이처럼

　남편과 산책하다 달팽이를 만났다. 풀잎 사이로 보이는 모습이 까만 열매 같다. 한 발 더 다가간다. 인기척에 놀란 듯 더듬이를 안테나처럼 세운다. 큰 더듬이 끝에 눈이 있다더니 정말인가 보다. 그 모습이 마치 여차하면 집으로 숨을 거라고 말하는 듯하다. 등에 지고 있는 동그란 집이 오늘따라 믿음직스러워 보인다. 몸 하나 숨길 집만 등에 지고 풀잎에 앉은 달팽이가 참 자유로워 보인다. 진정한 미니멀 라이프의 모습이다.
　나도 달팽이처럼 살고 싶다. 집 하나 등에 메고 발길 가는 대로 마음이 머무는 곳에서 풍경을 담으면서 느리게 살고 싶다. 일어나고 싶을 때 일어나서 배고프면 먹고 가볍게 산책하면서 마을 여기저기를 두리번거려도 보고, 가만히 누워 바람 소리를 들으며 흘러가는 것을 느끼고 싶다. 어릴 적 마당에 누워 흘러가는 구름을 보면서 바람을 느끼던 때처럼 눈을 감고 햇살을 느끼던 그때처럼 그렇게 자연에서 자연스럽게 나도 흘러가고 싶다.
　오 년 후면 남편이 정년퇴직한다. 몇 년 전부터 남편은 퇴직 후의 삶을 위해 나름 준비를 하고 있다. 퇴직하고도 일을 더 하기 위해 올해부터는 인터넷 강의를 들으면서 자격증 공부도 한다. 취득하고자 하는 자격증이 만만치가 않아 퇴직 전에만 따면 된다고 했다. 남편 계획대로 자격증을 취득한다면 우리 부부가 달팽이처럼 생활할 수 있는 시간은 그리 많지 않게 된다. 떠돌이 생활도 건강하고 체력이 있어야 할 수 있다. 그렇다면 우리는 퇴직하면 바로 집을 나서야 한다.

캠핑카를 타고 전국을 떠돌 생각을 하니 벌써 마음이 설렌다. 청년이 아니니 배낭에 텐트보다는 캠핑카를 타고 다니는 게 좋을 것 같다. 텔레비전에서 본 장면이 기억난다. 작은 트럭을 캠핑카로 만들어서 전국을 다니며 살던 중년 부부가 있었다, 여행하다 돈이 필요하면 일손 부족한 시골에 가서 일도 도와주고 생활비도 벌면서 다녔다. 일하면서 사람들과 이야기도 하고 정도 나누다 보면 떠돌이 생활도 즐겁다고 말한 것이 인상적이었다. 나도 그러고 싶다.

남편의 반응이 시원찮다. 끄덕이는 고개와는 달리 눈빛이 반짝이지 않는다. 마치 안 될 일에 힘 빼지 말자는 듯이 적당히 장단만 맞추고 있다는 느낌이다. 그러면서 어릴 적 농사일 도와준 이야기를 꺼낸다. 고추가 익을 때 일손이 부족해서 부모님과 함께 일한 적이 있단다. 그때 날은 덥고 눈은 맵고 다리는 아팠던 기억이 지금도 느껴진다고 한다. 매워서 땀이 더 많이 났는지 땀이 나서 온몸으로 매운 내를 느꼈는지 알 수는 없었지만, 울면서 고추밭에서 일한 기억은 생생하다고 그런 것이 농사라고 말한다. 난 할 말이 없어서 우린 연금이 있으니 쉬운 일만 하면 된다고 남편 눈치 보면서 말했다. 대답이 없다. 나도 말이 안 되는 말을 했다는 걸 안다. 세상에 쉬운 일이 어디 있겠는가. 그것도 돈 받고 하는 남의 집 일이 쉬울 리가 없다.

그냥 여행만 하면 된다. 물 좋고 공기 좋은 곳에서 초록빛과 함께 살면 되지. 한 달 살기처럼 그렇게 살면 되지 않나. 문득 생각나는 게 있다. 남편이랑 둘이 나들이 갔을 때가 떠오른다. 서로 할 말이 없어 조용했던 시간을, 쫑알거려주는 아이들과 함께하는 여행이 즐거웠다는 걸 알게 된 순간을…….

내겐 아직 오 년이라는 시간이 있다. 퇴직하기 전에 남편이 흔쾌히 받아들일 수 있는 방법을 찾으면 된다. 아직도 달팽이는 그 자리 그대로이다. 주변에 다른 달팽이는 보이지 않는다. 혹시 저 달팽이도 혼자 다니는 게 그런 이유일까? 등에 숙제를 메고 일어서는 내가 달팽이 같다.

에필로그

　내 언어에는 수가 없다. 실생활에서 사용하는 물건의 개수와 시간은 아라비아 수가 아닌 '적게 많이'와 '일찍 빨리 늦게'라는 언어들이다. 이런 나와는 다르게 딸은 정확한 것을 좋아한다. 정확하지 못한 내 언어를 듣고 성에 차지 않은 딸은 어릴 적부터 스스로 숫자를 익히고 생활에 사용했다. 그리고 나보다 자기주장이 확실하다. 한 번 하기로 한 것은 무슨 일이 있어도 하고야 마는 성격이다. 난 그런 딸이 정말 좋다. 나와는 다른 삶을 살 것 같았기 때문이다.

　나와 다른 딸을 키우면서 딸에게 배운 게 있다. 바로 추진력이다. 해도 그만 안 해도 그만이었던 내가 추진력 좋은 아이를 키우다 보니 어느 순간 딸처럼 하고 싶은 것은 하는 사람이 되어있었다. 딸 덕분에 늦게라도 글을 쓰고 공부하고 책을 낼 수가 있었다. '소녀는 자라서 엄마가 된다' 이 책도 적극적인 딸과 함께했기에 나올 수 있었다.

　"지인아, 글동무가 되어주어서 고마워!"

추억이 익으면 웃음이 되듯 글이 영글면 책이 된다는 것을 딸에게 알려줄 수 있어 참 다행이다. 그리고 늘 곁에서 응원해 주는 남편과 가족에게 고마움을 전한다. 책이 나올 수 있도록 글과 사진을 잘 편집해준 김재현 디자이너와 예쁜 표지를 만들어준 김인경 디자이너에게 감사하다.

 이 책이 딸과 엄마들, 그리고 그녀들을 응원하는 모든 이들의 마음에 머물 수 있길 소망한다. '소녀는 자라서 엄마가 된다' 책을 읽어줄 고마운 이들에게 감사한 마음을 전한다.

2024년 9월 화창한 날
엄마 작가 박은주